오랜 세월을 살아 마을을 지키고,
서늘한 그늘로 휴식처가 되어주는 동구 밖 느티나무!

시대와 환경을 넘어 공유하는 우리들의 옛 이야기!
우리를 지키고, 마음의 안식처가 되어주고, 가르침을 내린다.

이화순

이화여자대학교 사학과 졸업
한국전자통신연구원(ETRI) 연구원
IT 벤처기업 창업, 15년 간 경영
현) Visionary로서 컨설턴트 및 저술 활동

저서
『실패예찬』(이담북스, 2011)
『세계 속의 리얼 코리아』[이담북스, 2010(백석기 · 김억 공저, 2010 문화체육관광부 우수교양도서)]
www.visionary.co.kr

과거에서
날아온
메시지

초판1쇄 발행 | 2013년 5월 20일

지은이 이화순 펴낸이 홍기원

주간 박호원
총괄 홍종화
디자인 정춘경 · 김정하
편집 오경희 · 조정화 · 오성현 · 신나래 · 정고은 · 김민영 · 김선아
관리 박정대 · 최기엽

펴낸곳 민속원 출판등록 제18-1호
주소 서울 마포구 대흥동 337-25 전화 02) 804-3320, 805-3320, 806-3320(代) 팩스 02) 802-3346
이메일 minsok1@chollian.net 홈페이지 www.minsokwon.com

ISBN 978-89-285-0445-9 03810

이 도서의 국립중앙도서관 출판시도서목록(CIP)은 서지정보유통지원시스템 홈페이지(http://seoji.nl.go.kr)와 국가자료공동목록시스템(http://www.nl.go.kr/kolisnet)에서 이용하실 수 있습니다. (CIP제어번호 : CIP2013006469)

※ 책 값은 뒤표지에 있습니다.
※ 잘못된 책은 바꾸어 드립니다.

과거에서 날아온 메시지

— 이화순 —

민속원

옛날, 이미 지난 지 꽤 오래된 시기를 막연히 이르는 말이다. 그 시기에 살던 우리네들이 만들어낸 이야기, 경험담들이 아직도 살아서 우리에게 메시지를 전한다. 그들의 실패담과 성공담을 통해 지금의 우리를 자극한다. 당시에는 진리이며 당연한 도리라고 여겨졌던 많은 규칙과 풍속들, 지금에 이르러 어쩌면 아무런 가치나 의미가 없는 것으로 여겨질 수도 있다. 그럼에도 불구하고 옛 우리들의 이야기들은 살아서 우리들과 같이 숨을 쉬며 영향력을 행사한다.

옛날이야기들이 전승되는 것은 우리들 삶의 본질이 같기 때문이다. 인간의 기쁨과 슬픔, 그리움과 아련함 등 이런 인간의 기본적인 감정들은 오늘날에도 마찬가지이기 때문이다. 인간의 본성은 그 어떤 정치적 상황이나 이론, 경제제도, 사회변화, 종교, 시간의 흐름 등으로 바뀔 수 없는 것이다. 그래서 우리들의 옛이야기는 지금을 사는 우리들의 이야기가 된다. 옛날과 오늘의 다른 꼴이 같은 꼴이기도 하기 때문이다. 그래서 옛날이야기는 우리들이 겪어 온 경험의 공유물로 시대를 넘어 존재한다.

옛날이야기는 우리의 조상들이 경험을 통해 알게 된 메시지를 이야기라는 형식으로 우리에게 주는 것이다. 우리들은 살면서

서문

엮어낸 이야기들과 결과물들이 자신과 밀접한 관련이 있음에도 자신과 관계가 없는 것으로 흔히 생각한다. 하지만 아니다. 우리 각자의 앞으로 오는 메시지이며 읽는 우리와 관계가 있고 우리 삶에 가르침을 주는 것이다. 그러니까 우리는 섬세한 감각으로 그 메시지를 알아차려야 한다. 우리 각자 삶의 의미를 지니고 있기 때문이다. 이렇게 우리는 문화와 세상을 읽고 이해하게 된다. 그리고 흐름에 대한 인식이나 관계를 놓치지 않게 된다. 그러면 우리는 사물에 대한 이해를 하기가 쉽다. 역사와 문화, 그리고 세상을 읽을 힘이 강해지는 것이다.

이렇게 우리는 공감할 줄 아는 자세를 갖출 수 있다. 다른 것들, 다른 사람, 다른 문화, 다른 생각들에 열린 자세를 가질 수 있다. 이런 자세로 우리는 확고하고 든든한 기반 위에 설 수 있고, 현실을 더욱 잘 받아들일 줄 아는 자세를 갖출 수 있다. 그것으로 더욱 자신감이 생겨난다.

여기에서 소개하는 이야기들은 '전북대학교20세기민중생활사연구소'가 전라북도 고창, 군산, 김제, 부안, 정읍 등지에서 수집한 구전설화이다.

차례

같은 공간, 다른 시간, 같은 모습으로

그릇의 크기만큼

행운은 내 것이 되었을 때야 행운이다.
행운이 찾아왔을 때 그것을 내 것으로 가져야 한다.
그러기 위해선 그것을 담을 그릇으로 자신이 되어 있어야 할 것이다. 그릇이 준비 되어 있지 않거나, 그릇이 무엇인가로 가득 차 있으면 그 순간 행운은 담기지 못하고 흘러가버린다. 행운을 담을 만한 그릇으로 자신을 만들고, 행운이 들어갈 수 있도록 비워 놓지 않으면 모처럼 찾아온 행운도 그저 흘려버릴 수 있다.

그래서 삶을 살며 조금은 위축되기도 하는 오늘날의 우리들에게 재미와 함께 멋있는 존재임을 알려주는 이야기들을 일단 골랐다.
또한 그것을 강조하기 위하여 겁이 많은 부부의 이야기인 '는들바위'에 얽힌 이야기로 문을 연다.

는들바위와 아기 장수

전라북도 부안군 하서면下西面 월포月浦앞 바다 2km쯤에 사람 키 정도 높이의 삿갓 모양의 바위가 솟아 있다. 바닷물이 많고 적음에 따라 올라갔다 내려갔다 하여 '는들바위'라 불리우는 이 바위는 아주 안타까운 전설을 품고 있다.

옛날 월포 마을 옆에 있는 장신포長信浦 마을에 유씨柳氏 성을 가진 부부가 살았는데 생활은 넉넉하였다. 그러나 나이 50이 되도록 슬하에 자식이 없는 것이 한이어서 두 부부는 늘 마음이 편하지가 않았다. 하루는 두 부부가 의논하여 부처님께 불공을 드려보기로 하고 변산 안의 절로 들어가 정성을 다하며 백일기도를 드리고 왔다. 그랬더니 부처님의 영험으로 태기가 있어 그로부터 열 달 후에 잘 생긴 옥동자를 낳았다.

두 부부의 기쁨은 말할 것도 없고 마을 사람들도 모두 찾아와 함께 기뻐하였다. 그런데 이 예쁘고 잘 생긴 아기에게 한 가지 흠이 있었으니 그것은 밤낮을 가리지 않고 우는 것이다. 아무리 달래어도 소용이 없고, 부부가 서로 교대하면서 업어주고 안아주건만 막무가내로 울기만 했다. 그 울음소리가 어찌나 크고 우렁찬지 마을 사람들마저 점점 시끄럽다고 싫어했다.

그러던 어느 날 아기가 잠깐 잠이 든 사이 부인이 빨래를 하러 갔다. 돌아와 보니 조용하기에 '지금까지 자나?' 하고 문구멍으로 방안을 들여다보았다. 아니, 이게 웬일인가. 벽에 다닥다닥 붙여 놓은 헌종이의 글자를 아기가 읽고 있지 않은가. 부인이 방문을 열고 들어가니 아기는 다시 울기 시작했다.

그날 밤 남편에게 낮에 있었던 이야기를 하니 남편은 믿으려 들지 않았다. 그 후 또 어느 날 방안에서 아기 울음소리가 그치고 이상한 소리가 들리므로 두 부부가 함께 문틈으로 들여다보았다. 아기가 방안의 천정을 이리 저리 휙휙 날아다니고 있었다. 깜짝 놀란 남편이 방문을 열고 들어가 아기의 겨드랑이를 살펴보니 새털 같은 작은 날개가 돋아나고 있었다. 이를 본 부부는 서로 마주 쳐다보며 할 말을 잊고 말았다.

한참 만에 남편이 "여보, 이것 큰일 났소. 큰 장수감이 태어난 모양이요. 이 일을 어떻게 한단 말이오." 하고 걱정을 하니 부인은 "큰 장수가 태어나면 나라에서 가만 두지 않는다면서요? 우리 예쁜 아기를 어찌 하면 좋아요?" 하며 역시 근심에 땅이 꺼진다. 한참 만에 남편이 말한다.

"우리 같이 미천한 집에 도술까지 부리는 장수감이 태어났다는 소문이 나면 나라에서 역적으로 몰아 죽이려 들 것이오. 그뿐만 아니라 우리 집안 모두 죽임을 당할 테니 차마 할 수 없는 일이지만 하루 빨리 아이를 죽여 없애 버립시다."

부부는 근심 걱정 하고, 울며불며 하다가 다듬이돌로 아기를 눌러 죽여 버렸다. 그랬더니 어디서 눈부시게 하얀 백마 한 마리가 뛰어 와 구슬피 울면서 유씨 집을 사흘 밤낮을 돌았다. 그러더니 월포 앞 바다 '는들바위' 속으로 들어가 버리는 것이었다. 백마는 죽은 아기장수가 장차 타고 다닐

말인데 제 주인이 죽었으니 슬피 울었던 것이다.

'는들바위'는 그 흰 용마가 바위 밑에서 항시 떠받고 있기 때문에 바닷물이 많으나 적으나 항시 그만큼 솟아 있다 하여 '는들바위'라 부른다는 것이다. 그리고 변산에서 제일 높은 봉우리인 의상봉倚上峰이 물에 잠겨야 이 바위도 잠길 것이라 한다.

전라북도 부안군 하서면 장신포 마을에 전해지는 이 가슴 아픈 이야기, 우리에게 사람이라는 그릇의 크기에 대해 생각하라고 한다. 대단한 아이가 태어났어도 겁이 많은 부모는 감당할 용기가 없어 감히 아기를 키울 수가 없었다. 오지 않은 미래에 대한 불안 요소를 없애기 위하여 자신의 아기를 죽이는 마음, 안타까운 소시민적 발상임이 분명하다.

소시민 유씨 부부는 아이를 달라는 100일 기도 이전에 자신들의 그릇이 훌륭한 자식을 낳고 키울 자격이 있는지를 물었어야 했다. 그리고 어떠한 아이를 키울 수 있는 그릇으로 자신들을 키워달라고, 미천한 존재가 아니라는 의식을 갖게 해 달라고 기원했어야 했다. 아니면 자신들의 그릇에 적합한 아이를 달라고 기도했어야 한다. 하지만 그들의 작은 그릇에 너무나 큰 복이 왔다. 그들은 원했던 복을 담을 수 없는 제한된 작은 그릇이었다. 자신들이 원하는 삶의 꼴을 미처 갖추지 못했다는 얘기이다.

이 이야기가 우리 모두에게 도전할 용기를 가지고, 각자 자신이라는 그릇의 크기를 키우라고 명령한다. 백마의 울음은 그릇의 크기가 맞아떨어지는 주인을 만나기가 힘들다는 외침이라고 본다. 이왕 사는 삶, 멋지게 자신의 꼴을 갖추고 도전을 해야 할 듯싶다. 세상의 주인으로 말이다.

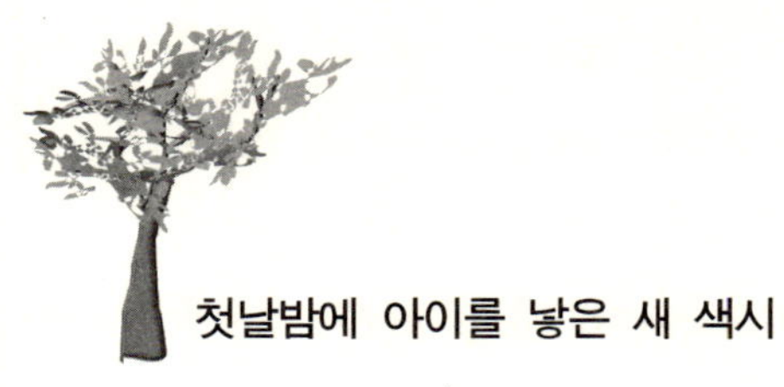

첫날밤에 아이를 낳은 새 색시

옛날 어떤 사람이 장가를 갔다. 예전에는 첫날밤은 신부 집에서 자는 것이 관례였다. 그들도 역시 색시 집에서 첫날 밤을 보냈다. 잠을 자려는데 새 각시가 계속 배가 아프다 그러는 것이 아닌가. 마냥 배가 아프다고만 하니 하도 이상해 신랑이 살펴보았다. 세상에 이런 일이, 새색시가 아이를 낳으려는 기막힌 상황이었다. 하지만 신랑은 아무도 몰래 스스로 아이를 받으니 사내아이였다. 그는 요를 뜯어 아기를 싸안고는 자기네 집으로 돌아갈 길목 다리 밑에다 몰래 갖다 놓았다.

그리고는 "우리 집안은 첫날밤에 미역국을 끓여 먹으니 미역국을 끓이고 밥을 지어 가져 오너라"고 지시하였다. 그렇게 하여 색시에게 미역국과 밥을 먹이며 "이 밥을 다 먹고, 국도 다 먹어야 한다. 우리는 오늘 밤 안으로 신행을 가야 하느니라."

갑자기 밤에 신행을 가야 한다니 색시 집에서는 난리다. 처가 어른들의 만류에도 불구하고 길을 나선 신랑, 길을 가다 다리 밑을 가리키며 "얘들아 저기서 뭔 소리가 나는 것 같다. 저 다리 밑에 좀 가 보거라."

"어이쿠, 뭔 애기가 하나 있습니다." 그런가, "아기이거든 얼른 가 데려와, 새아씨 품에 안겨드려라." 아기가 엄마 품에 돌아왔으니 얼마나 좋았겠는가. 신부는 아기를 품에 끌어안고 시댁에 당도했다.

난데없이 아기를 안고 밤중에 신행을 왔으니 이 신랑 집도 난리가 났다. 집안 여기저기서 쑥덕쑥덕 대지만 신랑이 이르기를 "다들 아무 소리 말거라. 다 애기는 어멈이 키우는 것 아닌가. 부인이 키울 것이니 새아씨를 잘 모셔라." 그러니 뭔 영문인지도 모른 채 시부모도 꼼짝 못하고, 그 아기를 받아들였다.

그 색시는 그 신랑과 함께 아들 삼 형제를 낳고 잘 살았다. 어느 날 신랑은 "얘들아, 너희들의 생각을 듣고 싶구나."

며 아들에게 물었다. "엄마가 주어온 애기를 키워야 옳으냐? 버려야 옳으냐?" 그렇게 물었다. 그 다리 밑에서 주어온 녀석이 말한다. "주어온 애기를 잘 키우고 가르쳐야죠." 작은 아들들도 "예, 그렇습니다."란다. 이들 형제간 우애가 이렇게 좋았다.

첫날밤에 태어난 아들은 공부도 어떻게 잘하는지, 한 자를 일러주면 열 자를 알고 매사에 뛰어났단다. 그렇게 아기가 잘 자랐다. 아들이 다 커버린 어느 날 "우리도 이만치나 살았으니 옛날 얘기나 한 번 해 보세."하며, "당신, 어떻게 해서 난 아들이냐?"고 부인에게 물었다. "그게 어떻게 만든 아들이 아니라 어느 날 밤 꿈을 꾸었는데 달이 꽃밭으로 왔어요. 내가 꽃밭을 매는 중이었는데 그 달이 내 목구멍으로 넘어간 것 밖에 없었다."고 부인은 얘기한다. "그럼 그때부터 잉태가 되어서 난 아들이라." 그러더니 남자가 무릎팍을 딱 치면서, "그러면 그렇지. 그러니 그 놈이 그렇게 뛰어난 것이로군."

그렇게 남자의 아들들, 그놈도 아들 낳고 딸 낳고, 저놈도 아들 낳고 딸 낳고, 삼정승 육판서가 그 집안에서 나왔다.

그 도량 넓은 남자는 기쁨과 행복이 넘치는 삶으로 꽃에 파묻혀서 살다가 이 세상을 떠났단다.

첫날밤 부인의 치부를 대범하게 감추고 보호해준 도량 넓은 한 사내의 행복한 삶을 얘기하는 이 민담은 전라북도 군산시 나포면 서포리에 전해져 내려오고 있다. 는들바위 이야기의 부부와 대비되는 큰 그릇의 남자다. 그도 첫날밤 태어난 아들이 어떻게 생겨날 수 있었는지 무척 궁금했을 것이다. 그래도 그는 아들이 다 장성할 때까지 기다려 부인에게 묻는다. 복을 짓고 누릴 만큼 큰 그릇의 이야기 주인공, 자신의 큰 그릇에 복을 가득 만들어 담았다.

또한 그는 문제해결의 방안으로 경이롭고 색다른 모델을 제시한다. 또한 오늘날 디성숙한 우리들에게 문제를 보는 시각을 키울 것을 알려준다. 우리는 살면서 항상 문제를 만난다. 흔히 사람들은 왜 그 문제가 생겼는지에 집중하거나, 또 누구 때문이라고 원망하며 문제해결보다는 문제로 인한 감정을 뿜어내는 일에 열심이다. 그러나 이 설화의 주인공 남자는 문제해결에 최선을 다했고, 부인에 대한 배려에 집중했음이 놀랍다. 또한 우리에게도 예수의 탄생과 유사한 탄생설화가 있음에도 흥미롭다.

이 이야기는 특별한 상황에서 탄생한 인물이 주인공이 아니다. 그것을 감싸고 성숙한 자세로 문제를 풀어낸 남자의 얘기가 중심인 것이 경이롭다. 우리에게 남겨진 '성숙'에 대한 메시지를 겸허함으로 받아들이며, 복은 이렇게 스스로가 지어야 하는 것임도 다시 깨우친다. 복을 바라기 이전에 자신이 원하는 복을 누릴 자격을 갖추는 것. 즉, 자신의 꼴을 제대로 만들어야 함도 다시 챙겨들어야겠다.

걸치기

정읍의 역사에 자선사업가로서 당대는 물론 지금까지 오래도록 모범이 되고 있는 인물로 모은慕隱 박잉걸 선생이 있다. 그는 베풀고 나누는 삶을 실천함으로써 모두가 함께 잘사는 세상을 꿈꾸었다.

조선 숙종 때인 1676년 박잉걸은 칠보면 백암리에서 출생했다. 본관은 밀양密陽, 자는 여웅汝雄이다. 북면사무소에서 칠보로 가는 길, 백암초등학교 앞 도로는 '걸치기'로 불린다. '무언가'를 '걸친다'는 말에서 붙은 이름이다. 이곳이 바로 가진 이와 없는 이 모두가 더불어서 함께 잘사는 세상을 꿈꿨던 모은의 따뜻하고 멋있는 혼이 여전히 남아 있는 곳이다.

모은은 당시 사람의 왕래가 많았던 이곳에 막幕을 치고 언제나 누구든지 입고 신을 수 있도록 옷과 신발을 걸어 두었다. 그러자 가난한 사람들이 먼 곳에서까지 찾아 와 옷을 갈아입고 신발을 걸어 두었다. 그때부터 사람들은 이곳을 '걸치기'라 불렀다. 지금도 이곳은 '걸치기'로 불려진다.

모은은 어려서부터 배움에 정진하여 학문에도 조예가 깊었고, 부지런히 노력하여 재산도 많이 모았던 것으로 전해진다. 그는 매년 춘궁기가 되면 대문을 열어 놓고는 굶주리는 이들에게 아침 저녁으로 끼니를 주고 곡식을 나누어 주었다. 또한 태인 고을에 자신의 재산을 내놓아 민폐를 없애주기 위해 많은 일을 하였다.

칠보에서 산내로 넘어가는 구절재 길을 닦았으니, 1745년이었다. 그 다음해인 1746년에는 전주감영과 남도를 잇는 교통의 요충지였던 태인의 남천, 현재의 태인천에 돌기둥을 바친 큰 다리를 놓았다. 이는 해마다 여름이면 나무로 된 허술한 다리가 홍수로 떠내려가 지역민들을 불편하게 했기 때문이다. 『신증동국여지승람新增東國輿地勝覽』「태인현」에 의하면 옛날에는 태거교로 기록하고 있었으니 태거교란 '큰 다리'의 한자표기에서 유래한 명칭인 것이다.

그런 모은 박잉걸 선생은 영조 43년 92세로 세상을 떠났다. 그해에 중국 청나라에는 황태자가 태어났다. 태어난 지 반년이 되도록 왼손 손바닥을 펴지 않아 강제로 펴보니 손바닥에 '조선 박잉걸 환생'이라고 씌어져 있었다고 한다. 죽은 후 이생에서 쌓은 덕으로 중국의 황태자로 환생했다는 이야기이다.

우리는 이렇게 그때나 지금이나 삶의 모습이 어떠해야 하는지 알고 있다. 단지 그런 실천은 누군가 특별한 사람이 하는 것으로 인식하고 자신을 하찮게 보는 것이다. 그래서 이 이야기로 우리네 조상들은 강력한 가르침을 내린다. 우리도 그렇게 될 수 있다고 말이다. 삶에 대한 태도를 어떻게 해야 하는지, 박잉걸 선생을 모델로 삼아 누구나 멋쟁이 꼴을 갖추기를 바라는 메시지이다.

그렇다. 우리는 모두 모은 박잉걸 선생을 모델로 삶을

가치 있게 살 수 있다. 우리는 자긍심을 느낄 때 자신의 존재감을 강하게 느끼며 세상에 환한 빛을 전할 수 있다. 그런 빛을 전하기 위하여 1985년에는 칠보면 백암리 백암초등학교 앞에 모은 박잉걸 선생 유적비가 세워졌다. 후대의 우리들은 그의 이야기를 되새기며 자극을 받는다. 그리고 삶을 사는 방법을 정확하게 다시 챙긴다.

조팡구의 해학

오늘 날의 우리에게 자존감이 무엇인지, 존재감이 무엇인지 알리며 전라북도 부안군 부안읍 봉덕리에 아직도 전해지는 멋있는 인간 조팡구의 이야기가 있다.

조팡구 그는 평생 머슴살이로 살다 간 진정한 자유인이었다. 그의 원 이름은 조판구趙判九인데 '조팡구'가 더 가깝고 다정하게 느껴지는지 사람들은 '조팡구, 조팡구'하고 불렀다.

그는 철종 12년인 1861년에 전북 부안군 봉덕리奉德里에서 가난한 농가의 아들로 태어났다고 한다. 어려서 부모를 다 잃고 천애의 고아로 떠돌아다니면서 꼴을 베는 꼴머슴과 심부름꾼 등으로 이 집 저 집을 전전하면서 살았다. 나이가 들어 성인이 되어서도 머슴살이로 부안 읍내와 주변 여러 곳을 전전하면서 살았다. 평생 결혼도 못하고 70여 세 때까지 머슴살이를 하였다. 하지만 타고 난 건강과 낙천적인 성품을 가진 조판구. 그는 구수한 해학과 신소리로 사람들을 웃기고, 당황하게도 하고, 말문이 막히게도 하고, 때로는 뉘우치게도 하면서 정말 거침없이 살았다.

머슴에 어울리지 않는 팔八자 수염에 기운도 세고 술을 좋아하는 호인이어서 어른, 아이, 남녀, 노소를 불문하고 '조팡구'라면 모두 좋아하고 따랐다고 한다. 신소리 잘하는 '조팡구' 해학과 유머와 위트가 넘치는 '조팡구', 일 잘하는 상머슴 '조팡구'의 숨은 이야기는 지금도 이 고장에 전설로 전해오고 있다. 그의 해학과 신소리 몇 가지를 들어 본다.

그가 부안읍내 신辛모씨 집에서 머슴살이 할 때의 일이다. 새벽같이 일어나 물을 길어 부엌의 큰 물 항아리에 가득 부어 놓고 조반을 먹던 조팡구. 그가 갑자기 조기 대가리를 들고 부엌으로 들어오더니 물 항아리 속에 넣는 것이었다. 이를 본 계집종이 안주인에게 조팡구의 행동을 일러바쳤다. 안주인이 "이보게 이게 대체 무슨 짓인가?"하고 나무랐다.

조광구는 시치미를 뚝 떼고는, "조기가 맨날 대가리만 있고 몸뚱이와 꼬리는 없어서 더 커 가지고 몸뚱이랑 꼬리랑 달고 오라고 넣었습니다요."하는 것이었다. 머슴 밥상에는 매일 조기대가리만 올려놓는 것을 풍자하는 말이다. 그 뒤로는 조광구 밥상 위에도 몸뚱이 붙은 조기토막이 가끔 올라온 것은 말할 것도 없다.

한 번은 아침밥을 먹은 조광구가 소에 쟁기를 채워가지고, "이랴! 차차, 이랴! 차차…." 하면서 부엌으로 소를 몰고 들어오는 것이 아닌가? 깜짝 놀란 부엌 여인들이 이게 무슨 짓이냐고 나무라니까, "솥에 물이 잘 안 빠져서 밥이 항시 질은 것 같으니 도랑을 치려고 그러오."하는 것이었다. 물이 잘 빠지게 도랑을 친다는 것이니, 여인들이 아무 말도 못하고 그 다음부터는 진밥을 하지 않았다는 것이다.

마음에 들지 않거나 비윗짱이 틀리면 고집과 오기를 부리고 항거도 하였다. 하루아침은 해가 동동 떠오르도록 머슴인 조광구가 기척이 없었다. 그러자 주인이 머슴 방문 앞에 가서 서성이다가 "여보게 광! 그저 자는가?" 하고 불렀다. 그랬더니 방에서 "다 떨어진 요대기 하나 깔고 자느만요" 하고 대답하는 것이었다. 주인은 아직도 안 일어나고 자느냐는 뜻으로 '그저 자느냐?'고 했는데 조팡구는 '그저'를 '그대로'로 일부러 돌려쳐서는 떨어진 요대기 하나 깔고 잔다고 늦잠 잔 것을 얼버무려 버렸다.

하루는 주인이 "팡구 자네 내일 줄포 좀 다녀와야겠네." 하고 심부름 보낼 것을 미리 말하여 두었다. 그리고 다음날 아침에 팡구를 찾으나 보이질 않는다. 집안 식구들이 모두 찾았으나 알 길이 없다. 그런데 해가 거의 질 무렵 그가 나타났다. 화가 머리끝까지 난 주인은 "자네 어데 갔다 이제야 나타나는가?" 하고 나무랐다. 팡구는 태연하게 "어제 줄포 갔다 오라고 하지 않았어요?" "뭐? 아니 내 말도 안 듣고 줄포에를 가?" "다른 말씀 없이 그저 줄포 좀 갔다 와야 한다고 하지 않았어요?" 그래 주인이 하도 어처구니가 없어 "그래 줄포엔 가서 무엇을 봤는가?" 하고 물었다. 그는 빙긋이 웃으며 "바다 위에 조기 배 두 척이 떠 있더만요?" 하는 것이었다. 이렇게 시치미를 떼고 자기의 울분을 유머러스하게 푸는 조팡구였다.

옛날에는 새로 사돈을 맺은 집안끼리 추석이나 설이 돌

아오면 그 전날에 '명일애끼'라 하여 이바지를 주고받았다. 큰 멱서리나 가마니 등에 쇠갈비, 돼지다리, 떡, 술, 과일 등을 한 짐씩 지워 보내고 받고 하였는데 이 풍습은 아이가 하나 태어날 때까지 계속되는 게 통례였다고 한다. 그런데 조광구가 이 '명일애끼' 이바지 짐을 지고 가다가 지게를 받쳐 놓고 잠시 쉬는데 지나는 사람이 "사돈 집에 가는 이바지 짐이구나! 거 먹을 것 많겠다. 속에 든 게 뭣이요?" 하고 물으니 조광구 대답이 "소고小鼓 든 것은 거사居士지 뭐겠소" 하고 대답하니 그 사람이 말문이 막혀버렸다. '속에 든 것'을 '소고든 것'으로 받아서 남사당패의 소고든 거사로 받아 넘기니 이 같은 신소리와 재능은 아무도 조광구를 따르지 못하였다.

주인집 여자가 머슴 옷을 좋은 베로 지어 줄 리 없지만 오랜만에 조광구가 삼베 잠뱅이 하나를 얻어 입었다. 그런데 이 삼베 잠뱅이가 허름하고 얼멍얼멍한 질이 낮은 베여서 이걸 입고 마당에서 보리타작을 하는데 속이 비쳐서 귀중한 것이 덜렁덜렁, 민망하기 그지없었다. 조광구가 아무도 부르는 사람도 없는데 갈퀴를 탁 놓으면서 "어이! 나가네!" 하면서 밖으로 나가더니 한참 만에 혼자 두런두런 하면서 들어온다.

주인이 "자네 어데 갔다 오는가?"하고 물으니 "별 미친놈들 다 있소. 새포 앙성리 놈들이 내 이 삼베 잠뱅이를 팔라고 안 왔소." "그 잠뱅이를 무엇 할라고 그런당가?" "아 고개미(가는 새우)잡는 그물 하였으면 참 좋겠다 하능만요." 주인이 가만히 보니 아닌 게 아니라 민망하게 속이 다 보인다. 다음 날 즉시 그는 도톰한 베 잠뱅이를 새로 얻어 입었다.

하루는 또 무슨 심통이 났는지 보리밭에 똥오줌 거름을 주는데 보리밭 골을 따라 고루 주지 않고 밭 제일 높은데다 거름통째 모두 부어버리는 것이었다. 주인이 화가 나서 "이 멍청아 보리밭 골에다 주어야지 한 곳에 이렇게 부어 버리면 보리가 거름을 어떻게 먹겠냐?" 하고 나무랐다. "배 고픈 놈은 쫓아 와서 먹을 테지요."하는 것이었다. "이 놈아 보리가 사람이냐?" 주인은 화가 났지만 조팡구가 그의 불만과 심술을 이렇게 하여 풀게 됨을 잘 안다.

마누라도 없고, 자식도 없고, 집도 없고, 친척도 없는 조팡구. 인생의 밑바닥에서 궂은일을 도맡아 하는 머슴살이를 하였어도 그는 이렇게 구김살 없이 살았다. 남의 눈치나 보는 비굴한 삶이 아닌 삶, 철저한 무소유의 자유를 만끽하는 삶, 자신감으로 가득 찬 삶으로, 자신의 품격을 유지하며 살았다.

자신이 하고 싶은 말을 해학과 풍자로 풀고, 주인집과 뜻이 맞지 않으면 훌쩍 떠나 다른 집으로 옮기면서 머슴살이를 한 조판구. 그는 지켜야 할 것도 없으니 세상에 거칠 것이 없었다. 지켜야 할 재산, 가족, 명예 등 가진 것이 많을수록 그 가진 것에 제한을 받고 가진 것에 의존하게 된다. 삶에서 의존적인 것들을 덜어낼 때 이렇게 우리는 자유로울 것임을 이야기가 알려준다.

그는 이 세상에 혼자 와서 세상 안에서 사람들과 같이 살다가 혼자 갔다. 웃음이 가득 찬 그의 폭 넓은 삶과 재담, 해학, 풍자는 오늘도 부안 땅에 전설처럼 남아 있다. 무소유가 주는 자유와 자존감이 무엇인지 우리에게 보여주는 그는 우리에게 자유로운 영혼이라는 모델을 제시한다.

따귀를 맞은 우암 송시열

우암 송시열宋時烈 선생은 1689년 제주에 유배되었다가 서울로 압송되는 중 정읍에서 사약을 받고 세상을 하직했다. 그 정읍시 장명동 등에 전해지는 이야기가 있어 그의 훌륭한 인격을 전해 준다.

우암 송시열 선생이 경기도 장단長湍에 볼일이 있어 가는 길이었다. 그때는 재상이라는 높은 지위에 올라 있던 때였지만 평복平服으로 갈아입고 혼자서 조용히 말을 달리고 있었다. 갑자기 하늘에 먹구름이 오락가락 하더니 소나기가 쏟아지기 시작했다. 별수 없이 비를 피하기 위하여 말을 끌고 조그마한 시골 주막집으로 들어갔다. 비가 그치기를 기다리고 있었으나 좀처럼 날이 개이지를 않았다. 마침 어떤 무관武官으로 보이는 한 사람이 부하인 듯한 몇 사람을 대동하고, 그 주막에 비를 피하기 위하여 들어왔다. 우암과 그 무관은 빗줄기를 쳐다보면서 무료한 가운데 가끔 쳐다보고 있었을 뿐이었다.

주막집에는 마침 장기판과 알이 흩어져 있었다. 무관이 먼저 장기내기를 제안했다. 한참 장기를 열심히 두고 있는데 무관이 또 말을 붙인다. "장기 두는 솜씨가 보통이 아니십니다. 이 궁벽한 촌사람이 무슨 벼슬자리라도 하고 있는 것 아니오? 아니 장기 놓는 걸 보아하니 보리 섬이나 없앤 모양인 것 같습니다요."

우암은 시치미를 뚝 떼고 "예, 벼슬이라 할 것까지는 못되고 그저 겨우…" 우암이 생각할 때 건방진 물음이었다. 무관은 장기 두던 손을 멈추고 "우리 통성명이나 하고 지냅시다. 인사를 나누고 장기를 둘 걸 그랬습니다." 그러자 우암이 먼저 "저는 송시열입니다. 송나라 송자, 때 시時자, 매울 렬烈자, 송시열입니다." 무관은 갑자기 얼굴이 벌게지더니 우암의 뺨을 철썩 갈겨버렸다.

철썩하고 손이 떨어지자마자 "이 천하에 고약한 놈! 네 놈이 어찌하여 우암 송시열 대감의 높으신 이름을 함부로 거론하느냐? 그분으로 말하자면, 문장과 학식과 정치적 도량이 세상을 흔들고 있을 뿐 아니라 내가 가장 존경하고 흠모하는 분인데 어찌 감히 그분의 이름을 모독할 수가 있겠느냐? 오늘 재수가 없으려니 별 놈을 다 보겠구먼!"하고는 말을 끝내자마자 무섭게 문을 박차고 주막집 문을 나서서는, 뒤도 돌아보지 않고 말을 재촉해 달려가 버렸다.

우암은 순간적으로 일어난 일이라서 그야말로 어안이 벙벙했다. 당시 대문장가요 효종대왕의 최고 지우知遇를 받고 나라를 흔들던 좌의정左議政 우암이 뺨을 맞았으니 기가 막히기도 하고 탄복도 나왔다. 우암은 멀리 빗줄기 속으로 말을 타고 멀어져 가는 그 무관의 뒷모습을 오래 지켜보고 있었다.

드디어 소나기가 멈추자 우암은 주막을 나오며 이런 생각을 했다. "음… 참으로 쓸만한 인물이군. 거창한 대장부의 임기응변이요, 특출한 인간의 기지로군. 좋은 일자리를 하나 맡길 만한데…" 우암은 주막을 나오면서 주인에게 그 무관이 누구인지를 물었다. 안주병사兵使 아무개라고 알려 주었다. 우암은 환궁한 즉시 그를 불러 술상을 벌이고 그를 평안병사平安兵使로 승진 발령하였다.

안주병사 아무개의 임기응변, 진정 특출한 인간의 기지로 그저 놀랍다. 그러나 따귀를 맞은 사람이 소인배였다면 그는 아마 죽음을 면치 못했을 것이다. 두 손이 마주쳐야 소리가 나듯이 사람과 사람 사이에도 어느 정도 격이 맞고 식별할 수 있는 분별력이 맞아야 즐거움을 알리는 박수 소리가 날 것이다. 요즈음 우리에게 사람의 꼴이 어떠해야 하는지, 그리고 자신만의 독특함에 대해, 그리고 상대를 분별할 수 있는 능력을 갖출 것을 알려주는 이야기다.

백학산白鶴山의 명당 설화

전라북도 고창군 성내면 부덕리에 백학산白鶴山이 있다. 지금으로부터 약 300여년전 백씨白氏성을 가진 부부가 이 백학산 기슭에 살았다. 부부는 논밭을 개간하여 생계를 이어가는데 얼마나 부지런한지 아침 일찍부터 저녁 해질 무렵까지 논밭에서 일을 하였다. 그러자 조금씩 재산이 모아졌다. 모아지는 재산에 더욱 재미를 느껴 열심히 일을 하였고, 생활은 나날이 윤택하여졌다. 그곳은 숲이 우거져 홍수를 막았고 조그마한 저수지가 있어 언제나 생수가 솟아나와 가뭄을 피할 수 있었다. 그렇게 농작물의 피해를 입지 않게 자연환경마저 도와주니 그들의 농토는 더욱 늘어나게 되었다.

이렇게 생활하던 중 어느 봄날 낯모르는 노인 한 사람이 찾아와 백씨네 집에 머물게 되었다. 겉으로 보아서는 걸인과도 같은 모습이었지만 주인은 친절히 맞이하여 여러 날 함께 지내게 되었다. 주인은 이 낯모르는 노인에게 극진히 대접하고 대화도 나누며 때로는 바둑도 함께 두었다. 이러던 중 하루 노인은 이제 딴 곳으로 길을 떠나야겠다며 주인의 은혜에 보답하는 뜻으로 묘소를 잡아주었다. 그렇게 백씨는 백학산 언덕에 부모의 시신을 이장하게 되었다. 그 후 살림은 더욱 늘어나고 자손도 번창하였다. 자손을 위해 사랑채에 글방을 꾸몄다. 글을 배우고 읽어 과거에 응시하자 7명의 자손이 등과 되었고, 그 중 3명은 벼슬이 참판까지 이르게 되었다.

그러던 어느 가을날, 추수가 끝나고 볏섬을 야적하여 놓은 것이 밤사이에 소낙비가 내려 모두 젖어버리고 말았다. 그러자 주인 백씨는 종을 불러 매질하고 그 책임을 추궁하며 꾸짖었다. 모진 매를 맞은 종은 그 후 시름시름 병을 앓다 죽게 되었다. 이 일을 겪은 종의 아들과 모친은 뒷일이 두려워 멀리 도주하고 말았다.

그 후 종의 아들이 장성하여 자기 부친이 억울하게 죽은 원한을 어떻게라도 해서 갚을 것을 마음속 깊이 다짐하고는 금강산에 들어가 풍수지리에 대한 공부를 열심히 하였다. 그 후 10년이 지난 어느 날, 옛 주인이 살고 있는 곳을 찾아와 주인 부친의 묘소를 살펴보니 아주 좋은 명당이었다. 용의 턱밑 격이라는 명당으로 인물이 나는 곳이었다.

종의 아들은 원수를 갚아야겠다는 생각으로 이곳 부근에 머물러 생활 하였다. 그러면서 자신이 용한 지관임을 알리기 위해 여러 사람의 묘 자리를 잡아주고 다녔다. 과거 자신에게 매 맞아 죽은 종의 아들인줄도 모르고 주인 백씨도 자기 부모의 묘소가 어떠한지 보아 달라고 그에게 청을 넣었다. 종의 아들은 이 기회만 오기를 기다리고 있던 터라 "옳지 잘 되었다." 하고는, "이 묘소는 훌륭한 묘소이나 한 자만 아래로 내려쓰면 좌우 정승이 나오게 될 것"이라고 하며, 묘를 파게 하였다. 묘를 파던 중 하얀 연기가 치익 솟아오르며 학 두 마리가 묘소에서 나와서는 날아가 버렸다. 한 마리는 고부 쪽으로 다른 한 마리는 변산 쪽으로 날아갔는데 이것을 본 사람들은 급히 파던 묘를 다시 봉하고 종의 아들을 찾아 백마를 타고 추적하였다. 그러나 그는 이미 산봉우리를 넘어 줄포 수해 쪽으로 도주하고 말았다. 그 후 갑자기 등과를 한 백씨의 자손 4명이 모두 한날한시에 똑같이 죽고 말았다. 그 후부터 이산은 백학산이라 불려지게 되었으며 전해오는 홍타령 구절에도 "올라간다 익산대 내려온다 만사대"라고 불리어 진다고 한다.

부지런하고 선한 마음으로 그리고 겸손한 자세로 살던 주인 백씨. 그러기에 낯모르는 거지 행색의 사람도 겉모습에 좌우되지 않고 좋게 대접하여 복을 받을 수 있었던 백씨. 그러던 그가 기대 이상의 많은 복을 누리면서 가지고 있었던 겸손한 삶의 태도를 잃어갔다. 종을 때려 죽음에 이르게 하고, 그 아들의 마음에 원한을 심었다.

이 이야기의 핵심은 주인 백씨의 삶에 대한 자세라고 본다. 우리는 삶에서 갖게 되는 행운의 크기가 커질수록 자신의 크기도 키워야 함을 일깨워주는 이야기라고 본다. 이미 젖어버린 야적된 볏섬, 돌이킬 수 없는 일이니 앞으로 그런 일이 없도록 관리해야 한다. 하지만 그 젖어버린 볏섬에 대한 책임을 오로지 종에게 돌리고 모진 매를 때려 죽음에 이르게 하는 태도. 그것은 주인 백씨가 이미 다른 인간 위에 서버린 교만한 인간이 되었음을 이야기하며, 복을 누릴 태도를 상실한 것을 의미한다. 백씨라는 그릇은 이미 교만과 자만으로 가득 채워져 복이 남아있을 곳이 없어진 것이다.

이야기는 지금도 남아 후손에게 전승되면서 우리에게 삶에 대한 태도를 이렇게 가르치고 있다. 복은 스스로 짓는 것이며, '자신의 꼴'은 지속적으로 경영해야 하는 대상임을 말이다. 또한 겸손한 자세를 잃지 않도록, 자신의 꼴이 이그러지지 않도록 스스로를 관리 감독하면서 살아야 됨을 다시 찾아들게 한다.

또한 '믿음'을 잘 관리해야 함도 다시 챙긴다. 자신이 누리게 된 복의 근원인 명당터를 다시 점검하려는 태도는 믿음을 잃었기 때문이다. 그것은 스스로 자신이 복을 충분히 누릴만한 존재라는 의식이 부족한 것에서 비롯되었을 것이다. 명당을 잡아준 노인, 현재 누리는 복, 명당터에 대한 믿음과 자신에 대한 믿음도 세월과 함께 희미해져 갔기 때문이다.

세 사람의 재주 자랑

전라북도 군산시 삼학동 일대 주민들 사이에 전해지는 '세 사람의 재주 자랑'이라는 민담이 있다. 관상을 잘 보는 사람, 침을 잘 놓는 사람, 명당을 잘 잡는 사람, 세 명의 죽마고우가 자신들의 재주를 겨루기 위해 객지를 떠돌면서 재주를 자랑하고 인정받는 이야기다.

죽마고우인 세 사람, 참으로 친하게 지냈다. 하지만 "내가 잘한다."며 서로 자기 재주 자랑을 하면서, 서로 지지를 않으려 한다. 그래서 "그럴 거 없다. 우리가 시험을 해보자."며 재주를 겨루기 위해 그들은 길을 나섰다.

누구든지 만나지는 대로 재주자랑을 하기로 한 그들은 길을 가다 주막집을 만났다. 술도 팔고 밥도 팔고 하니 들어가서 "막걸리 한 잔씩 모주 한 잔씩 달라."고 주모에게 주문했다. 주모가 모주상을 차려서 가지고 오는데 관상 보는 사람이 척 보더니, 주모 남편이 금방 죽는다며, "저 마당에다 짚을 사방으로 깔아놓고, 물 한 동이 떠다 놓고, 어서 머리 풀고 울라"고 대뜸 말했다.

자기 남편이 멀쩡해서 나무하러 갔는데, 금방 죽는다니… 자기가 말한 대로 금방 안 하면 죽는다는 것이니, 어느 부인네가 자기 남편 죽는다는 소리를 듣고 시키는 대로 하지 않을까. 더구나 점잖은 선비 세 사람이 술을 마시다가 정색을 하면서 하는 말이다. 주모는 즉시 마당에다 짚을 사방으로 깔고 물 한 동이 딱 떠다놓고는 막 대성통곡을 하고 울었다. 머리 풀고 땅을 치며 울었다.

그 때는 여름이었다. 갑자기 소나기가 쏟아졌다. 비가 쏟아지니 나무하러 간 남편이 소나기를 피해 동굴 속으로 들어갔다. 동굴 속에 들어가서 가만히 산 아래 자기네 집을 내려다보니 아, 자기 마누라가 마당에서 머리 풀고 대성통곡을 하고 있는 것이 아닌가. '집에 큰 일이 났구나' 하고는 큰 비가 쏟아짐에도 불구하고 그냥 동굴에서 나왔다. 그런데 동굴에서 나와서 미처 몇 발자국도 못 가서 그 동굴은 폭싹 무너져 내렸다.

벼락 치는 소리가 나서 뒤돌아보니, 동굴이 무너져 버린 것이다. 그곳에 있었으면 직사하고 뼈도 못 찾을 뻔 했다. 놀란 가슴을 쓸며 집에 오니 선비 셋이 술을 마시고 있고, 여자는 여전히 머리를 풀고 있다. "대관절 자네 왜 머리 풀고 있는가? 나는 멀쩡한데." 그 부인 말하길 "아, 이만 저만 해가지고 선비 어른이 머리 풀고 안 울면 당신이 죽는다고 해서 내가 머리 풀고 울었소." 한다.

"아 저런, 참 신기한 양반일세. 그런 것을 다 아니. 내가 저기 동굴 속에서 소나기를 피하려고 동굴에 들어갔었는데, 임자가 머리 풀고 우는 걸 보고 내가 뛰어 나와서 오려는 데 글쎄 그 동굴이 탁 무너져 버렸소. 거기 있었으면 내가 죽을 판인데 살았소."

그래서 그들은 주막에서 식사 대접을 잘 받고 술도 마시고 하루 저녁 쉬었다. 거기에다 여비까지 받아 길을 나섰다.

그들은 다시 육로를 따라 한참이나 길을 걸었다. 어디 산골 한 바퀴를 돌아오는데, 그 산골 안에서 요새처럼 큰 기와집을 만났다. 그때는 기와집이 귀한 시절인데, 커다란 기와집이었다. 그런데 그 안에서는 사람이 분주히 오가는 게 막 난리가 난 형국이었다.

알고 보니 그 기와집은 김진사 댁이었고, 며느리가 아기 낳다 금방 죽었단다. 그래서 동네가 발칵 뒤집혔다는 것이다. 세 사람은 그 집에 들어가 주인장 뵙기를 청했다. 경황이 없어 만나기 힘들다고 한다. 그러나 길가는 의원인데 죽은 사람 살릴 수도 있다고 말을 넣으니 주인이 황급히 나온다.

"거, 지금 자부가, 아기 낳다 죽었다 하니 내가 한번 진맥했으면 하오. 그리고 내가 침을 놀 줄 아는 사람인데 침을 한번 놓아 보겠소."

사람이 물에 빠지면 지푸라기라도 잡는 법이다. 김진사는 의원을 며느리 방으로 데리고 들어갔다. 맥을 짚더니 의원은 침을 배꼽에다 놓았다. 침을 하나 박고 조금 있으니 아기 울음소리가 나며 아기가 나왔다.

사실은 산모가 아기 낳다 죽은 것이 아니라 힘이 떨어져 기절했던 것이다. 아기 울음이 터지고 조금 있으니 산모도 살아났다. 아기도 살고 산모도 다 산 것이다. 갑자기 초상집이 경사 난 집이 되었다. 그러니 이제 즈안상을 챙겨 내오고 온 집안이 흥분하고 야단이 났다.

주인인 김진사가 물었다. "어떻게 죽은 사람을… 침 한 방에 아기가 나오고 살아났소?" 의원은 그것이 죽은 것이 아니라 아기란 놈이 나오다가 손으로 탯줄을 감아쥐었단다. 그래서 아기 무명지 손가락에다가 침을 놔서 감아쥔 손을 풀어야 했기 때문에, 산모의 배꼽에다 침을 놨다는 설명이다. 거기서 기가 막히게 대접을 잘 받고 하루 저녁을 묵고는 또 여비까지 받아 그들은 다시 여행길에 올랐다.

이렇게 기술을 가지고 여행을 하며 두 사람의 꾀와 재주가 증명되었다. 아직 땅 보는 지관만 재주를 보여주지 못했다. 그래 며칠을 걸어 다니는데 하루는 저 산 아래에서 차양을 치고 장례를 거창하게 모시고 있는 것을 보게 되었다.

건 쓴 사람이 수십 명이고 장례를 치르는데, 지나가는 사람에게 물으니 서울 사는 허정승의 장례였다. 장성지방의 정승 명당을 잡았다고 한다. 그런데 가서 보더니 지관은 "큰일 났네 이 사람들이! 응 이거 야단났네." 한다. 지관은 남의 집에 가 나무를 막 끊어가지고 긴 작대기를 만들어 와서는 친구 둘에게 말뚝을 박으라 한다. 친구인 지관이 박으라니 박을 수밖에. 그리고 장례를 모시는 곳에 올라가니 인제 봉분을 짓는 중이었다. 그래 상주를 만나자 청했다.

"나는 지관인데, 당신 아버님께서는 지금 여기 없습니다. 지금 여기다 묘를 썼지만, 시체는 다른 데로 가 버렸습니다. 가버렸으니 이 묘를 파 시체를 찾아야 합니다."

기가 막힌 일이었다. 방금 묻은 송장이 없다니. 그 지관은 묘에 가서 "여기 송장이 있으면 나를 죽이고, 여기에 없다면 내가 송장을 찾아드리리다. 금방 모신 송장이니, 금방 팠다가 도로 써도 관계는 없지 않소? 그렇지 않으면, 만약에 내 말이 거짓이라면, 내 목을 치시오." 한다. 그 행색을 보아하니 양반들 같고, 사기꾼들은 아닌 것 같아 즉시 봉분을 헐었다.

헐어내니 정말로 묘 안에 금방 안치한 송장이 없었다. 귀신이 곡할 노릇이었다. 그 지관은 친구들과 박은 막대기를 가리키며 거기를 파라고 했다. 일하던 사람들이 달려가 파 보니 거기에 송장이 있었다. 그는 그들이 묘를 쓴 곳은 도적 혈임을 알려준다. 그래서 그 지관이 다른 곳에다가 명당을 잡아주었다. "여기가 참 좋은 자리라. 대대로 벼슬 집안이고 크게 잘 살 것 같다." 이러니 먼저 묘 자리를 본 지관은 엉터리 지관, 허풍쟁이 지관이 되었다.

그렇게 세 죽마고우인 친구, 삼우三友가, 상주인 대감 따라 서울 가서 구경도 잘 하고 대접을 잘 받았을 뿐 아니라 서울을 가게 되면 늘 대감의 융숭한 대접을 받았다. 이런 세 사람의 명사가 있었다는 이야기다.

유류상종類類相從이라 했던가. 같은 부류의 사람들끼리 모이는 것 말이다. 『주역周易』의 「계사繫辭」 상편에 보면 '方以類聚 物以群分 吉凶生矣(방이유취 물이군분 길흉생의)'란 말이 있다. 모름지기 이 세상은 그 성질이 비슷한 것끼리 모이고, 만물은 무리를 지어 나누어 살고, 거기에서 길흉이 생긴다는 뜻이다.

이 이야기의 세 친구는 각기 자신의 전공에 자부심과 자신감을 가진 '최고'라는 의식이 충만한 사람들이다. 그러기에 친구가 될 수 있었다. 그렇지만 분야가 다르기에 세 사람은 서로 최고의 정도를 알 수가 없었다. 그러나 여행을 하면서 각기 자신 있게 전공을 활용하여 남을 도왔다. 그 과정에서 친구들은 이해가 되지 않는 상황에서도 그저 친구의 말을 따를 뿐이었다. 그렇게 그들은 융숭한 대접과 여비까지 받으며 자신의 재주를 펼치는 여행을 할 수 있었다. 서로에 대한 신뢰, 서로 친구들의 최고의식을 인정함으로써 그들은 죽마고우가 되었고 좋은 결과들을 만들어냈다. 바로 '길생의吉生矣' 말이다.

춘추전국시대 이런 것을 입증하는 고사가 또 있다. 제齊나라의 선왕宣王이 순우곤淳于髡에게 각 지방에 흩어져 있는 인재를 찾아 등용하도록 하였다. 며칠 만에 순우곤이 일곱 명의 인재를 데리고 나타났다. 선왕은 어떻게 귀한 인재를 7명씩이나 데려올 수 있는지 물었다. 그러자 순우곤은 다음과 같이 말하였다.

"같은 종의 새가 무리지어 살듯, 인재도 끼리끼리 모입니다. 그러므로 신이 인재를 모으는 것은 강에서 물을 구하는 것과 같습니다."

순우곤의 자신감, 세월을 넘어 지금 우리네의 가슴을 찌른다. 우리는 자신의 주변 사람들을 둘러볼 때이다. 자신의 '끼리끼리'가 어떤 부류인지 인식함으로써 자신을 알 수 있을 것이다. 그럼으로써 자신의 대인관계, 유류상종의 결과가 '吉凶生矣(길흉생의)' 흉凶이 아니라 길吉이 저절로 만들어지는 그런 관계를 만들 수 있는 기초작업을 할 수 있을 것이다. 자신을 변화시켜 제대로 꼴을 갖춤으로써 말이다.

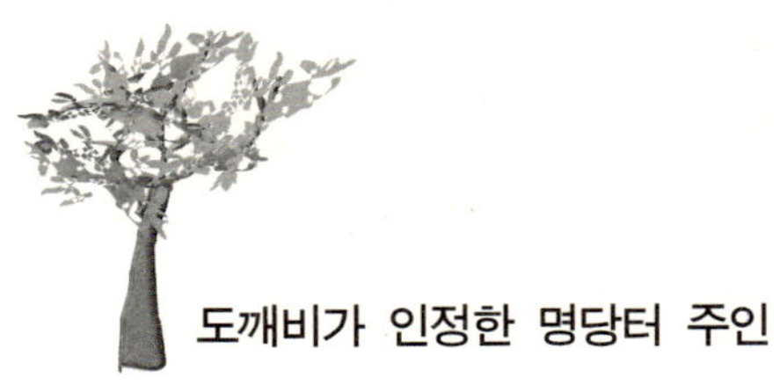

도깨비가 인정한 명당터 주인

한 남자가 선친의 묘를 써야 하는데 집이 가난하여 터를 마련하지 못해 애를 태우고 있었다. 그런데 한 지관이 찾아와 "내가 소의 간을 하루 한 번씩 먹어야 한다. 그러면 네게 명당자리를 주겠다. 네가 무슨 일이 있어도 그렇게 하겠느냐?" 물었다. 남자는 "예, 염려 마시오. 내 하지요" 하고는 동네에서 송아지 한 마리를 빌려와 그 자리에서 송아지를 잡았다. 남자는 송아지 간은 지관에게 대접하고 쇠고기는 장에 내다 팔았다. 이렇게 하니 남자가 날마다 송아지를 잡지만 자기 돈은 한 푼도 안 들이고도 지관의 요구를 들어줄 수 있었다. 지관은 몇 달을 이렇게 얻어먹고 가만히 생각해 보다가 이제 더는 안 되겠다 싶어 남자에게 이렇게 말하였다.

"나한테 좋은 자리가 하나 있기는 있는데 말야. 말하자면 대장군 자리다. 그런데 묘를 쓰려면 힘이 들어. 그러니까 보통 인물은 못 쓸 거고, 담력이 세야 쓸 수 있을 것이야."

"아, 죽기밖에 더 하겠습니까? 거 내가 하지요."

남자의 말에 지관은 "너 혼자만 가서는 안 되고, 너희 부부가 함께 가야 한다."고 하였다. 그래서 남자는 아내와 함께 지관이 일러준 자리로 갔다. 그곳은 집에서 30리가 떨어져 있는 곳으로, 그날로 집에 돌아오기는 힘든 거리였다. 부부가 그곳에 초분을 떠다 놓고 있는데, 지관이 "여기 땅 임자한테 승인을 얻어야 한다. 그래야 묏자리로 쓰지 그냥은 못 쓴다. 아버지 시신을 여기에 모시고 있으면 땅 임자가 나타날 것이다."라고 말하고는 산 밑으로 내려가 버렸다. 이렇게 하여 부부가 나란히 앉아 있게 되었다. 한밤중이 되니 도깨비 떼가 여기저기서 모여들고 사방에서 나오더니 막 야단이 났다.

"하, 어떤 놈이 이 장군자리에다 뫼를 쓰려고 이 더러운 것을 갖다 놨어? 누가 초분을 갖다 놨어? 내 이놈 잡아 죽인다."

이에 남자는 겁이나 무조건 빌었다. "예. 안 쓰겠습니다. 가져가겠습니다. 다른 데로 옮기겠습니다." 하고 빌었다. "정말 옮길 테냐?" "네. 옮기겠습니다."

그리하여 남자는 그날 밤에 묏자리 승인을 못 받고 자리를 옮기기로 약속하였다. 날이 새자 지관이 다시 올라왔다. "어떻게 되었나? 자리 승인을 받았는가?" "못 받았습니다. 아, 죽인다고 하는데 어떻게 하겠습니까? 그래서 못 받았습니다."

"음, 그런 담력을 가지고는 여기를 뫼로 쓸 수가 없다네. 그러니까 말하자면 네가 정성을 잘 드려야 자리를 얻을 수가 있는 것이지. 그러니까 더욱 정성을 드려보시오."

"예, 말씀대로 하겠습니다." 그날 밤, 그러니까 이틀째 밤에 부부가 또 앉아 있으려니 전날 밤에 나타났던 도깨비들이 와서는 여전히 야단이었다. "아, 이놈이. 어저께 치운다고 하더니만 아직도 안 치웠네. 이놈을 잡아 죽인다." 하면서 도깨비들은 부부를 떠밀고 흔들고 잡아당기고 끌고 돌리고 난리를 쳤다. 날이 샐 때까지 도깨비들한테 그렇게 당하고 나니 부부는 그만 오만 정이 뚝 떨어져 버렸다. 땅 욕심은 나는데 도깨비 때문에 쓸 수가 없었다. "오늘 저녁에는 틀림없이 옮기겠습니다."고 부부는 사정사정하며 약조를 하였다.

"그러면 너 오늘도 안 옮기면 이제는 정말 큰일 난다. 그러니 반드시 옮겨라." 이렇게 말하고 도깨비들은 사라졌다.

이튿날 아침, 지관이 또 와서 "승인을 얻었나?"며 물었다. 남자가 고개를 푹 숙이고 "못 얻었습니다."라고 말하자 지관은 "그럼 별 수 없지. 다른 데로 옮겨야지 어떻게 하겠소." 하며 자리를 옮길 것을 권하였다.

그러자 남자는 "아니요. 오늘 밤은 사흘째이니까 결단코 내 한번 사정을 해 보리다." 하며 고집을 부렸다. "그럼 그렇게 해 보게나" 하고는 지관은 다시 내려갔다. 부부는 또다시 둘이 나란히 아버지 시체 옆에 앉았다. 그런데 남자가 가만히 생각해 보니까 살아서 맞는 밤이 오늘이 마지막이었다. 밤에 도깨비들이 나타나면 꼼짝없이 죽을 목숨이니 말이다.

"오늘 밤에 그놈들한테 꼼짝없이 죽게 생겼는데, 이제 별 도리가 없게 된 거야. 그러니까 우리 이왕 죽을 바에야 자네하고 나하고 잠자리나 한 번 하고 죽으세." 시체 옆에서, 그것도 아버지 묘를 쓰려고 하는 사람이 부부간에 잠자리를 갖자니 어이없는 일이었다.

그런데 부인이 하는 말이 또한 일품이다.

"아, 그렇게 하지요. 우리 젊은 청춘이 이제 죽게 생겼잖소. 영감님이 먼저 죽을랑가 내가 먼저 죽을랑가 하나라도 살면 어쩔까 모르지만 말이오. 이런 재미를 그냥 어떻게 그만둘 수가 있겠습니까. 그러니까 그것이나 합시다."

이렇게 하여 부부는 떡하니 그곳에서 잠자리를 가졌다. 일을 치르고 나서 조금 있으니까 도깨비들이 또 나타났다. "아, 이놈의 자식! 여태까지 안 치웠네. 이놈아, 내가 오늘까지 치우지 않으면 네놈들 다 죽여 버린다고 했지!" 하며 달려들었다.

그런데 한 도깨비가 나서더니 "야야! 가만있어 봐라. 가만있어 봐라" 하였다. 다른 도깨비들이 "왜 그러냐?" 하고 묻자 "아, 아니다. 이제 생겼다. 이제 생겼다. 하하. 이제 생겨 버렸다. 땅 임자가 생겼으니 안 줄 수 있냐? 할 수 없이 그냥 주어라" 하는 것이었다.

부부간에는 서로 품앗이를 해야 자손이 생기는 것인데 이 대장자리에서는 그렇게 잠자리를 가져 자손을 만드는 이가 없었던 것이었다. 그러니까 묏자리를 관리할 후손을 용케 이 부부가 와서 만든 것이었다. 이후로 부부는 대장자리를 아버지의 묏자리로 쓰고 후손이 대대로 번창하게 되었다고 한다.

참으로 배짱 좋은 부부의 이야기이다. 그것도 남자만이 아니라 부인까지 두둑한 배짱을 가졌으니 과연 명당 '대장자리'의 주인이 되기에 합당하다. 우리가 원하는 것을 얻고 그것을 유지할 수 있기 위해서는 그것을 담을 만한 그릇이 되었을 때 가능함을 다시 확실하게 알려주는 이야기라 하겠다. 우리는 흔히 그릇이 크다거나, 배짱이 좋다거나, 용기가 있다는 것에 대해서 잘못 이해하는 경우가 많다. 그들은 아예 겁이나 두려움 자체가 없다고 생각하는 것이다. 하지만 그것은 그렇지가 않다.

누구나 무서운 상황을 만나면 겁이 나고 두렵다. 죽을 일이 아니라도, 그저 우리 의식 안의 그 무엇인가가 불안감과 공포를 불러일으킨다. 그렇게 일어나는 마음 상태에 자신을 그대로 두는 것이 그릇이 작은 소인배이다. 하지만 그 무서움과 두려움을 인정하고 그 상황을 볼 수 있는 사람이 그릇이 큰 사람이라고 본다. 자신이 처한 상황을 인정한다는 것은 진정한 솔직함이다. 자신이 자신에게 정직할 수 있는 것은 제한하지 않은 큰 그릇이 일어난 상황을 다 담고 있기 때문이다. 그러한 상태에서 자신의 목표도 잊지 않게 되는 것이다. 그릇이 작을 경우 공포감이 그릇을 채우면, 그 일이 빚어낸 목표는 그릇 밖으로 흘러넘치게 된다. 잊으려 해서 잊는 것이 아니라 다 담을 수가 없게 자신을 작게 제한시켰기 때문이다.

목표를 세웠고, 동반한 지관까지 있으니 주인공 부부는 아버지의 시체를 들고 쉽게 그곳을 떠날 수가 없었다. 죽기 밖에 더하겠냐는 마음으로 버티기 작전으로 들어갔다. 그러다 마지막 밤 그들은 죽을 각오를 했다. 그래도 명당자리에 아버지 시체를 둘 수 있다는 마음이었는지 모르겠다. 죽음을 각오하고도 떠나지를 않았으니 말이다. 그 자리에서 죽음을 맞기 전 부부가 마지막 잠자리를 같이 한다. 이것이 배짱이다. 어차피 죽을 목숨인데 라고 생각하면 못할 일이 어디 있겠는가. 그렇게 그들은 명당 '대장자리'를 도깨비들에게서 얻어냈다. 돈이면 다 해결할 수 있다는 생각들은 예전이나 지금의 우리 사회를 지배한다. 하지만 이런 배짱은 돈으로 해결할 수 있는 것은 아니다.

이렇게 풍수지리설에 의한 좋은 집터나 묏자리를 말하는 명당자리. 명당자리에 묘를 쓰면 집안이 잘되고 부귀영화를 누린다는 믿음이 우리 조상들에게는 하나의 신앙이었다. 그러다보니 복을 누리고 안전하게 살기 위해 명당을 찾아내고, 그것을 자신의 것으로 만드는 노력이 재미있는 많은 이야기를 탄생시켰다. 이 이야기는 전라북도 김제시 주민들 사이에 전해지는 이야기이다.

우리들의 옛 이야기는 지금을 사는 우리들의 이야기가 된다.
옛날과 오늘의 다른 꼴이 같은 꼴이기도 하기 때문이다.

부정적인 생각은 가라

대부분의 사람들이 자신의 가치를 알아보기 보다는 스스로 위축하고 자신을 비판하는 일에 열심이다. 자신을 탐색해 결점을 찾아내는 것이다. 결점을 바라보고 불행을 느낀다. 이것이 바로 부정적인 생각이다. 그런 눈에는 남이 가진 것이나 남의 장점이 더욱 잘 보이게 된다. 그래서 더욱 남을 비난하고, 경쟁을 하게 된다. 하지만 세상에는 좋은 것도 나쁜 것도 없다. 다만 우리가 생각하는 것에 따라 좋고 나쁠 뿐이다. 우리가 불행을 느낀다면 행복이나 아름다움, 기쁨을 느끼기가 힘들다. 불행한 느낌으로 가득 찬 마음은 긍정이 무엇인지 행복하다는 게 무엇인지 알 수가 없다. 마치 검은 색 안경을 쓰고 보는 어두운 세상이다. 그래서 부정적인 생각을 우리는 마음이라는 그릇에 담지 말아야 한다. 이미 담겨진 부정적인 생각은 버려야 한다. 우리는 단지 삶을 통해서 배우고 익히며, 행복과 기쁨을 느껴야 한다. 그런 긍정적인 시각을 유지하며 그런 자신을 자랑스럽게 여겨야 하며 사랑해야 한다.

슬프거나 불만스럽다든지 하는 그런 부정적인 감정을 느낄 때 세상은 우리에게 슬프고 힘들게 보인다. 부정적인 감정이 더 많은 부정성을 자신에게 끌어당긴다. 그리고 그러한 문제에서 벗어날 길도 보이지 않는다. 이럴 때 자신이 아닌 외부의 세상을 바꾸기 위해, 주변의 흐름을 바꾸기 위해 동분서주할 필요가 없다. 단지 우리는 자신의 감정과 느낌을 바꾸면 된다. 그러면 외부 상황도 바뀔 것이다.

옛날부터 우리네들은 이것을 알았다. 그래서 이야기로 남아, 과거와는 다른 세상에서 다른 삶으로 산다고 여기는 우리들에게 같은 삶이니 배우라고 한다.

오누이의 신선되기 경쟁

동생하고 누님하고, 같이 살면서 서로 경쟁하며 신선이 되는 공부를 하였다. 그 공부란 차돌을 무를 때까지 삶는 것이다. 차돌을 푹푹 고으고 또 고는 것이다. 하나는 누님 솥 하나는 동생 솥, 이렇게 솥 둘을 나란히 걸어 놓고 계속 불을 때며 차돌을 삶는다.

동생은 나무를 주어다가 누님 솥이나 제 솥이나 똑같이 불을 땐다. 그러나 누나는 나무를 주어다가는 자기 아궁이에 더 많이 집어넣는다. 동생 솥에는 적게 때고, 그렇게 늘 불을 때던 어느 날 누님은 자신의 차돌이 물렀나 쇠젓가락으로 차돌을 찍어보았다. 하지만 들어가지 않았다.

혹시 하고 동생의 것을 찌르니, 푹 들어간다. 이렇게 차돌이 잘 물러 동생은 그 차돌을 가지고 신선들이 사는 신선지神仙地에 올랐다. 누님은 맘이 글러서 불을 똑같이 땐 것이 아니라 더 많이 더 세게 불을 때었어도 올라가지를 못했다.

자신이 먼저 오르려는 욕심으로 자신의 솥에다만 불을 많이 때니까 신선될 자격을 갖추지 못한 것이다. 이렇게 마음이 글러서, 욕심 때문에 동생만 신선지에 올라갔다는 이야기가 전라북도 군산시 개정면에 전해지고 있다.

참 짧고 단순한 이야기다. 하지만 이 이야기는 우리 누구나에게 있는 욕심을 경계할 것과 모든 일에 인내가 필요하다는 것을 알려준다. 단단한 차돌을 얼마나 끓여야 물러지겠는가. 안 된다는 상식을 넘어 쉴 새 없이 나무를 해다 불을 때는 남매. 신선이 되려면 극한의 인내가 필요하다는 말인가 보다. 인간이라는 꼴이 아니라 그 한계를 넘은 꼴을 갖추어야 된다는 말일 것이다.

하지만 언제 끝날지 모르는 일, 우리는 시한이 정해지지 않은 하염없는 일을 견디기가 참 힘들다. 그러니 그 누구도 순간 조금이라도 빨리 끝내고자 하는 욕심이 생길 것이다. 그것을 극복해야 하는 것이 신선이 되는 길이지만, 누님은 자신을 이겨내지 못했다. 결국 신선이 되던, 그 무엇이 되던, 우리는 자신을 이겨내야만 한다는 것을 이 이야기가 전해주고 있다.

그리고 자신이 신선이 될 것이라는 자기 확신이 누나는 부족했음도 이 이야기에서 우리는 알 수 있다. 나무를 하면서, 불을 때면서, 신선이 된 자신을 느끼면서, 그에 조금씩 다가가는 자신임을 누나는 느끼지 못했다. 동생이 먼저 신선이 되어 떠날까 불안했고 자신이 되지 못할까 조급하고 초조했다. 이것이 사실은 욕심 이전의 그녀의 심정이었을 것이다. 결국 불안감이 자신의 솥에 불을 더 때야 한다는 욕심으로 나타나진 것이다.

우리는 부정적인 생각을 떨치고 자신의 존재감을 놓치지 말아야 한다. 하지만 부정적인 생각이 전혀 없는 상태란 없을 것이다. 우리가 무균 상태에서 살 수 없는 것과 같다. 온갖 균들과의 동거 생활을 하지만 우리는 건강을 유지하며 살 수 있다. 하지만 우리의 마음이 약해지고 면역력이 약해지면서 그러한 병의 원인이 되는 세균이 우리를 잠식한다. 이야기의 누나도 그러했음을 우리는 알 수 있다. 그러니 우리는 항상 마음을 반듯하고 건강하게 관리해야 한다. 그리고 온갖 부정적인 생각들이 늘 우리와 함께 함을 이해하고, 인정해야 한다. 하지만 그런 감정에 잠기는 것이 아니라 그것이 지나가는 것임을 믿고, 지금의 느낌에 대비를 해야 한다. 항상 해가 짱짱한 날만 있는 것이 아니다. 비가 오면 그에 맞게 비를 느끼듯이 말이다.

사철산의 장수바위 전설

전라북도 김제시 사철산, 옛날에는 신선들이 구름을 타고 가다가 잠시 쉬어가는 명산으로 알려져 있었다. 백화가 만발하고 경치가 좋아 산 아래 사는 사람들은 어떻게 하면 그 산위에 한번 올라가 볼 수 있을까 하는 선망의 대상이었다. 하지만 산신령님이 엄하게 막아서 올라갈 수가 없었다.

하루는 와룡리 사람들이 모여 우리도 사철산에 올라갈 수 있도록 하여 달라고 산신령에게 간절히 청원을 했다. 산신령은 그 말을 듣고 "매년 오월 단오날 하루만은 이 산에 올라와 즐겨라. 그러나 백 명 이상은 올라오지 말고 또 산에 올라와 한 사람도 오줌을 싸면 안 된다."하는 조건부로 허락을 했다. 마을 사람들은 이런 조건이라면 별 것 아니라고 모두들 좋아했다.

그러나 이러한 기쁨은 곧 사라지고 말았다. 그것은 항상 와룡리를 시기해 오던 복홍리 마을에서 그 말을 듣고 자기네들도 사철산에 올라가겠다는 것이다. 와룡리 마을 사람들만 해도 이백 명이 넘는데 사백 명이 넘는 복홍리에서도 가겠다니 큰일이다. 그것도 한 마을에서 오십명씩 가기로 한다면 해결되겠지만 와룡리에서 주장하는 선취특권과 복홍리에서는 인구 비례를 내세우니 타결을 볼 수가 없었다. 특히 예전부터 복홍리 사람들은 와룡리 사람을 깔봐서 와룡리 사람들은 종종 피해를 당했으니 그런 면에서도 잘 해결될 수가 없었다.

두 마을 간에 몇 차례 타협안이 오고 갔지만 끝내 해결을 보지 못한 채 마침내 두 마을에서는 무력 충돌이 벌어졌다. 와룡리에는 '청석'이라는 장수가 있어서 모든 동민을 통솔했는데 청석은 나이가 이제 겨우 열여섯밖에 되지 않은 어린 사람이었다. 하지만 지혜가 뛰어났고 구 척 장신에 힘이 항우와 같았다. 그뿐만이 아니라 그는 어려서부터 복홍리 사람들의 행패에 분격하여 언제든지 복수해야만 한다는 생각으로 멀리 광주 무등산에 들어가 도사 밑에서 무술을 배우고 돌아온 소년이었다.

와룡리 사람들이 복홍리 사람들과 무력 대결을 결심한 것도 사실은 청석을 믿었기 때문이었다. 청석이 무술 공부를 하게 된 동기는 장차 복홍리를 눌러야겠다는 자신의 소신도 있었지만, 또 마을 사람들도 그런 생각에서 유능한 사람을 뽑아 무술 공부를 하도록 주선했기 때문이었다.

한편 복홍리에서도 그런 눈치를 채고 군사훈련에 힘썼던 것이다. 특히 복홍리 장수 유청은 손으로 바람을 일으키는 이른바 장풍掌風에 특기가 있어 널리 알려진 장수였다.

두 마을 사이에 싸움이 시작되었다. 그때 사철산에 놀러와 바둑을 즐기고 있던 신선들도 이들의 싸움을 흥미 깊게 지켜보았다. 주신인 산신령은 복홍리의 유청장군에게 호감을 가지고 응원했으나 그 아내인 여신은 와룡리의 청석장군을 응원했다. 그래서 산신령은 유청에게 황룡을 보냈고, 여신은 청석에게 청룡을 보냈다.

싸움은 주장 유청과 청석의 접전인사接戰人事인 말싸움부터 시작되었다. 유청이 고함을 지른다.

“허허 하룻강아지 범 무서운지 모른다고 와룡리에는 사람이 없어서 저런 계집애 같은 어린 것을 보냈느냐, 나는 저런 애송이와는 상대할 수 없으니 다른 사람을 보내라.”

“우리 마을에선 항상 평화를 사랑하는 데 너의 마을에선 무엇이 어떻다고 사사건건 우리를 괴롭히느냐, 내 이제 하늘의 뜻에 따라 이 자리에 선 이상, 그대들이 엎드려 사죄하지 않는 이상 단연코 용서치 않으리라.”

유청장수는 청석장수의 말을 듣고 깜짝 놀랐다. 청석의 낭랑한 목소리는 저력이 있어 자신의 귓전을 크게 울리는 것을 보고 그의 무술이 뛰어남을 알았기 때문이다. 그러나 백전백승의 용장 유청도 물러날 사람은 아니다. 유청은 벽력같은 고함을 치며 손바람을 일으켜 와룡리 쪽으로 보내자 와룡리 사람들은 큰 태풍을 만난 듯 비틀거리며 넘어지는 것이었다.

그러나 청석도 도술을 부려 복홍리 사람들을 쓰러뜨렸다. 그때 구름 속에서 갑자기 빨간 땀방울이 몇 방울 떨어지더니 급기야는 누런 황룡이 쏜살같이 뇌성벽력을 치며 사철산으로 날아갔다. 뒤이어 청룡 한 마리가 날쌔게 황룡의 꼬리를 물고 쫓아갔다. 사철산 봉우리에 황룡과 청룡이 얽혀 격투가 벌어졌을 때 사방 천지에는 핏방울이 비 오듯 쏟아지고, 또 번개와 천둥은 삽시간에 억수같은 비를 몰고 왔다.

잠시 후 황룡이 청룡에게 패하여 축 떨어지더니 커다란 바위로 변했다. 그래서 그 바위는 용이 누어있는 형상이다. 복홍리 사람들은 모두 땅위에 엎드려 와룡리에 항복했다. 청석장수는 곧 몸을 날리어 구름을 타고 사철산으로 날아갔다. 그때 천지를 흔드는 무서운 뇌성과 함께 사철산이 와르르 무너졌다. 모든 사람들이 살펴보니 청석장수가 사철산 봉우리에 꿇어앉아 오줌을 싸고 있었다.

잠시 후 청석장수는 온데 간데 없이 사라지고 말았다. 사람들은 모두 앞을 다투어 사철산으로 올라갔다. 바위 위에는 조금 전에 청석장수가 무릎을 꿇었던 곳에 무릎자국이 패어 있었고 오줌줄기는 희게 굳어져 있었다.

두 마을 사람들은 여태까지 헛된 싸움을 한 것을 후회하며 서로 부둥켜안고 이제부터 형제처럼 다정하게 살자고 다짐했고, 그 후 지금까지도 그렇게 살아온다.

우리에게 헛된 싸움을 하지 않아야 한다는 조상님들의 가르침이 자연 환경과 함께 이야기가 되어 우리에게 전해진다. 부정적인 감정으로 후회스러운 그들의 싸움이 이야기가 되었고 이제 그들은 갔어도 이렇게 이야기가 남아 그들이 하고 싶은 말을 우리에게 전한다.

그저 경쟁에서 이기기 위해 시작된 두 마을의 경쟁심리. 옆에 있는 마을 보다 자신의 마을이 우월하다고 느끼고 싶었던 그들. 요즘사람들의 경쟁심과 다르지 않다. 자신이 우월한 존재임을 느끼기 위하여, 자신만의 특화된 무엇인가를 찾아낸다. 그리고 그것을 과시하며 자신이 현재 머물러 있는 집단이 아닌 보다 우월한 집단의 소속임을 느끼고자 하는 욕구 말이다.

스스로 잘나기 위해서는 청석장수가 무술을 연마하듯

이 자신을 갈고 닦아야 한다. 하지만 그것이 쉬운 일이 아니다. 많은 시간과 노력으로 성장통을 앓으며 만들어져 가는 것이기 때문이다. 그러니 요즘 사람들은 보다 쉬운 길로 자신이 소유한 것으로 주변을 누르며 자신이 상승된 우월의식을 느끼려 한다. 하지만 그것은 자신의 것과 비교하여 우월한 집단에 가면 더욱 초라함을 느끼게 한다. 만족할 수 없는 악순환의 연속에 들어가는 것이다.

너와 나, 그렇게 우리 인간은 부족한 존재이고 또한 대단한 존재이다. 남을 누르려 존재하는 것이 아니고 같이 더불어 삶을 즐기면서 자신을 만들어가는 존재임을 이 이야기가 알려주는 것이라 느껴진다.

마흔댓재 고개 설화

전라북도 고창군 해리면 면소재지에서 약 3.5km쯤 떨어진 곳에 상하면 송곡리로 넘어가는 고개가 있다. 이 고개의 이름이 마흔댓재 고개이다.

조선 시대 초기의 일이었다고 한다. 이 고개는 반드시 사십 명이 함께 넘어가야만 했다. 전부터 이 고개를 혼자나 몇몇이 넘으려고 했던 사람들은 원인 모를 이유로 변을 당하는 것이었다. 어느 날 외지에서 온 한 선비가 이 고개를 혼자 넘으려고 하였다. 마흔 명의 사람이 모여지기를 기다리고 있던 삼십팔 명의 사람들은 고개를 혼자 넘는 것은 대단히 위험하니 조금 기다려 한 사람이 더 와서 사십 명이 되면 함께 넘어가자고 하며 극구 만류하였다. 그러나 그 선비는 사람들의 만류를 뿌리치고 혼자 고개를 넘어가고 말았다.

바로 뒤에 마흔 명이 되어 사람들은 함께 고개를 넘어가게 되었다. 이들이 고갯마루에 도착해보니 거기에는 바로 얼마 전에 먼저 출발한 선비가 풀뿌리에 걸려 넘어진 채로 죽어있는 것이다. 사람들은 서로의 얼굴을 쳐다보며 죽음을 슬퍼하였다. 이 후로도 이 고개를 마흔 명이 함께 넘지 않으면 반드시 변을 당하는 것이었다.

이런 일이 계속 일어나자 조정에서는 지혜롭고 용감한 원님을 파견하게 되었다. 이곳에 온 원님은 처음 이 고개를 넘다가 원혼이 된 사람과 그밖에 변을 당한 많은 사람의 영혼을 위로하기 위해 제사를 지냈다. 그리고 고개를 넘어가는 사람들에게는 경건한 마음을 갖도록 주의를 주었다. 그 후로는 이 고개에서 변을 당하는 사람들이 없어졌다고 한다. 즉 처음 고개를 넘다 변을 당한 사람의 원혼이 극락세계에 들어가지 못하고 구천을 떠도는 원혼이 되어 이 고개를 넘는 사람들에게 해를 입혔던 것이다.

이 전설은 남의 말을 귀담아 들을 필요가 있으며 믿지 못할 말일지라도 무시해서는 안 된다는 교훈을 전해주며 지금도 주민들 사이에 전승되고 있다.

이 이야기에서 사람들의 말을 안 듣고 혼자 고개를 넘다 죽은 선비는 40명이 채워지기를 기다리는 사람들 중 39번째 사람이었다. 단지 한 사람만 오면 되는 것이나 기다리고 있던 38명의 사람들을 무시하며 혼자 길을 나선 것이다. 오만함을 표출하며 38인을 무시하고 느낀 우월감이 바로 그의 목숨 값이었다. 자신의 목숨을 가볍게 이런 순간의 허망한 감정놀이에 던지는 사람들이 아직도 많기에 이 전설이 살아있어 우리에게 반면교사 역할을 하는 것이다.

오늘날 우리네들은 흘러넘치는 정보 속에서 수많은 미디어를 접하고 얘기를 보고 듣는다. 하지만 얘기를 서로 주고받는 것이 아니라, 각자가 혼자 떠드는 경우가 많다. 밤에 대중적인 술집을 가면 그저 떠들어대는 사람들을 흔하게 볼 수 있다. 이것은 마음속에 가득 찬 부족한 느낌이나 분노 그리고 불만을 열심히 던져 버리는 행동일 것이다. 이런 것이 남의 얘기를 잘 듣지 않는 습관을 형성하는 데 기여했을 것이다. 거기에다 스스로가 부족하다는 결핍감으로 자신이 늘 돋보이고 싶어 하는 욕구가 정작 자신에게 필요한 얘기를 잘 듣지 않게 한다. 자신에게 필요한 이야기를 원한다고 하나, 자신의 귀에 달콤한 이야기만 듣고 싶은 것이다. 그런 이야기만을 들을 뿐이다. 자신의 부족함을 해결할 이야기가 아니라 자신의 부족감을 순간 채워주는 느낌만을 주며 스쳐 지나갈 바람 같은 이야기를 원하는 것이다.

이야기에서 자신의 상식에 어긋난 남의 말을 무시하고 죽은 선비, 길을 안전하게 가는 것이 목적이 아니라 기다리는 사람을 무시하고 싶은 욕구가 순간 앞서 버렸다. 우리는 여기에서 이야기를 하는 목적을 늘 놓치지 말아야 함을 다시 배운다. 일을 도모함에 성사시키기 위한 말을 분별할 능력을 키워야 함도 다시 챙겨 든다. 또한 자신의 부족감을 채워주는 순간의 달콤한 바람이 아니라 부족감을 인정하고 그것을 하나씩 채우면서 자신을 만들어나가야 함도.

내 한몸 다하여

호남의 삼신산三神山, 영산靈山으로 불리워지는 전라북도 정읍의 두승산斗升山. 평야지대에 우뚝 서 탁월한 전망을 자랑한다. 그 남쪽 기슭 양지바른 곳에 만수동이란 마을이 있었다. 도로를 경계로 북쪽에는 오씨吳氏가 많이 살았고 남쪽에는 김씨金氏가 많이 살았다고 한다.

조선 초기 이 마을 산기슭에 오만석과 김수복이라는 부부가 살고 있었다. 이들 부부의 금슬은 매우 좋았다. 하지만 무척 가난한 것이 문제였다. 항상 먹을 것이 모자라 나물을 캐서 연명하고, 약초를 캐어 근근이 생활을 꾸려 나갔다.

그런데 부인 김수복은 보통 아낙네가 아니었다. 자기는

비록 못났지만 남편은 다르다고 생각했다. 그녀는 항상 남편을 아끼고 존중했다. 그러면서 어떻게 하면 우리 남편을 훌륭한 사람으로 출세시킬 수 있을까 고심하며 살았다. 그래서 아내는 늘 남편에게 시간이 나는 대로 공부할 것을 권유 했다. 하지만 남편은 출세에 별 뜻이 없었다.

어느 날 고부古阜(당시 정읍의 명칭)에 새로 원님이 부임 하였다. 그 원님은 사냥을 무척 좋아하였다. 날이 맑기만 하면 늘 사냥을 나가는 원님은 부임 하자마자 곧장 두승산의 산길을 잘아는 '사냥 길잡이'를 구했다. 마침 나물과 약초를 캐러 산에 항상 다니는 오만석이 산길에 가장 밝다는 것을 알아내고는 그를 불러 들였다.

오만석과 부인은 좋아서 어쩔 줄 몰랐다. 평생가도 원님 얼굴 한번 구경하기 힘든 산골에서 약초나 캐던 자기와 원님이 같이 사냥을 다니자니 오만석은 가슴이 설레었다. 김수복은 비로서 자기네 부부에게 먹고 살 새로운 길과 남편의 출세 길이 열린 듯 여겨져 마냥 기뻤다. 사냥이 있는 날이면 오만석은 늘 길 안내를 했다. 그뿐 아니라 사냥하다 먹을 음식과 돗자리까지 들고 다녔다. 하지만 그는 곧 출세라도 하는 듯싶어 고된 줄을 몰랐다. 그러나 오랜 동안 원님을 따라 길 안내를 했지만, 원님은 그를 사냥 길에 부려먹기만 할 뿐 전혀 챙기지를 않았다. 혹시 하고 기대를 했던 오만석의 부인은 원님이 무척 섭섭했고 원망스러웠다.

그러던 어느 날 부인은 남편을 설득하기 시작했다.

"여보! 당신은 총명하고 지혜로운 사람이자, 자랑스러운 나의 남편입니다. 당신의 능력을 나는 알아요. 당신이 무지한 것은 공부를 전혀 안 했기 때문이니, 이제라도 공부를 하세요. 당신은 이대로 늙을 사람이 절대 아닙니다. 아직도 안 늦었어요. 지금부터라도 공부를 해야 합니다. 그래서 과거에 합격해 당신도 원님이 되어야 합니다. 당신의 재주와 용기는 충분히 이 일을 해낼 수 있다는 것을 나는 압니다. 그리고 저는 당신을 믿습니다. 돗자리나 들고 남의 사냥이나 따라 다니는 것이 얼마나 수치스러운 일입니까. 여보, 제가 내일부터 축원을 올리고 이 한 몸 다하여 당신을 도울 것입니다. 당신은 내일부터 그저 공부만 하세요."

부인의 진정 어린 눈망울에 깃든 애절함을 보며 오만석은 두 주먹을 불끈 쥐고 공부를 하기로 결심 하였다. 둘은 눈물을 흘리며 굳게굳게 약속하였다. 그로부터 10년, 아내는 남편을 대신하여 집안의 모든 살림을 도맡아 처리했다. 남편을 보살폈고, 그는 공부에만 전념하였다. 아내의 끊임없는 사랑과 격려에 힘입어 그는 결국 과거에 합격하였다.

그런데 별안간 아내는 병석에 눕게 되었다. 이름 모를 중병을 얻었으니 살려낼 길이 없었다. 남편은 백방으로 약을 구하고 의원을 청해 왔으나 효험이 없었다. 아내는 과거에 합격한 남편을 두고 그 기다리던 명예와 행복을 누려보지 못하고 세상을 뜨고 말았다. 그후 남편은 절망 속에 눈물로 나날을 보냈다. 과거에 합격을 하고도 벼슬을 포기하고 오직 아내 생각으로 나날을 보내다가 고향에서 여생을 마쳤다고 한다.

그 뒤 마을 사람들은 이 부부의 가운데 이름자 만萬자와 수壽자를 따서 동네 이름을 '만수동'이라 부르고 이 부부의 명복을 빌었다고 한다.

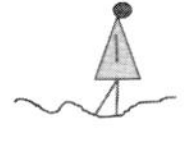

전북 정읍시 고부면 만수리 상만마을에서 전승되는 '만수동'이라는 마을의 어원에 얽힌 이야기로 지금

의 우리에게도 안타까움과 함께 삶의 태도에 대한 가르침을 준다. 우리가 원하는 것은 우리의 것이 된다는 사실 말이다. 그리고 우리가 원할 때 우리가 제대로 원해야 된다는 것도 깨우쳐 준다.

이 이야기의 주인공 김수복은 남편에게 과거급제를 위해 공부 할 것을 요구하며 "이 한 몸 다하여"라고 말을 하였다. 그 말 그대로 그녀는 자신의 몸을 다하여 공부를 도왔고, 오만석은 과거에 급제 하였다. 이렇게 자기 삶의 의미를 실현한 그녀는 이 세상을 떠날 수밖에 없었다고 본다. 그녀는 과거에 급제해 어떤 삶을 살 것인지도 꿈꾸고 그것을 이룰 것임을 믿어야 했다.

우리는 각자의 삶에서 자신이 원하는 것들이 이미 자신의 것임을 확신해야 한다. 그리고 원하는 대로 정확하게 주어짐을 이해해야 한다. 우리는 제대로 원하고, 그런 삶이 우리의 것이 되고, 우리는 그런 삶을 즐기는 존재임을 이해해야 한다.

삶에서 요구한 것이 이미 자신의 것이라고 믿을 수 있

는 것은 우리 자신이 충분히 그럴만한 자격이 있다고 여길 때 된다. 흔히 사람들은 겸손이 지나쳐 비하함으로써 스스로 자신을 항상 자격미달이라고 여기며, 자신의 주변 사람들도 그러하다고 생각한다. 그러니 원하는 것을 획득하기 위하여, 밤잠드 안자고 '열심히'에 집중하고, 많은 것을 유보한다. 즐기는 것은 미래 언젠가일 것이고, 그것을 위해 지금은 그저 '열심히' 일하거나 공부한다. 이것은 지금이 아닌 미래를 위하여 지금의 삶을 저당 잡힌 것과 같다. 대부분의 우리네는 잘못된 생각에 의하여 원하는 것은 '대가'를 열심히 치루어야 한다는 의식을 갖게 되었다. 그런 부정적인 생각이 진실이 아님을 이야기의 주인공 부부가 안타까움으로 전한다.

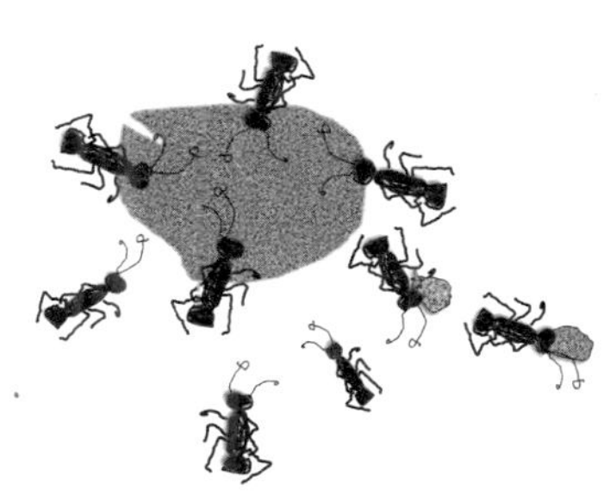

빈대로 인한 죽음

전라북도 고창군 해리면 면소재지에서 동북쪽으로 약 2km 떨어진 곳에 평지라는 마을이 있다. 이 마을의 뒷산에 뿔당골(불당터)와 광정골(광정동)이라는 이름을 가진 곳이 있다. 뿔당골이란 절이 있던 자리라는 것이고 광쟁이 골이란 이 절 밑에 넓은 샘골짜기가 있었다는 것이다.

그런데 이 절에는 빈대가 유난히도 많아 사람들이 잠을 잘 수가 없었다고 한다. 하지만 이상하게도 이 절의 스님들만은 물지 않았다고 한다. 그것은 절 밑에 있는 샘에서 항상 그 물로 스님들이 목욕을 하고 불공을 드렸기 때문이라고 한다. 그 물속에는 어떤 성분이 들어있어서 빈대들이 접근할 수가 없는지는 모르지만 그 물에 목욕만 하고 자면 빈대가 물지 않았기 때문에 스님들은 매일 목욕을 해야만 했다. 또한 빈대가 얼마나 사나운지 물리기만 하면 엄청난 고통을 겪게 되었다.

그런데 이 절에 백일기도를 드리고 있는 부인이 있었다. 아들을 낳기 위해 기도를 드리고 있던 이 부인은 빈대에 물려 시름시름 앓다가 죽게 되었다. 아들을 낳으려는 일념에서 고통을 참고 견디며 기도를 계속하다 죽었다는 것이다. 그러자 이 사실을 안 남편이 화가나 술을 많이 먹고 와서 이 절에 불을 질러 버렸다는 것이다. 그 많은 빈대를 몽땅 없애 버리려고 불을 질러 절마저 없어지게 되었다고 한다. 애석하게도 이 때 남편은 절과 함께 불에 타 죽고 말았다.

그 뒤 어느 날부터인가 이 절터에 석불이 하나 있었다. 큰 바위 밑에서 비바람을 피하고 있었는데 석불이 있다는 소식을 전해들은 선운사 스님이 이 석불을 옮겨갔다고 한다. 어떤 사람들은 석불이 불공을 지성으로 드리다 죽은 부인의 화신이라고 한다. 지금도 이곳에는 그 흔적이 조금씩 남아 있다는 것이다. 그리고 광정골이라는 샘터는 현재 저수지를 만들어 사용하고 있다.

예전의 우리네는 인간으로 태어난 이상 아들을 통해 이어지는 혈맥 유지를 자신들에게 주어진 철칙이라 여겼음을 확인하게 해주는 이야기이다. '아들'을 낳으려는 욕망이 한 부부의 죽음으로 이어진 서글픈 이야기. 그들 부부에게 '딸은 있었을까?'라는 의문도 생긴다.

우리네는 이렇게 무엇인가를 설정하고 그것을 맹목적으로 따르려는 성향이 있다. 그리고 그것이 이어지면서 후손들에게 강요를 하기도 했다. 그러한 등등의 이유로 아들 낳기를 소원하던 부인은 사람을 죽음으로까지 몰아가는 빈대로 인한 고통을 이를 악물고 참았다. 자신의 고통을 표출하고 해결하기 보다는 참는 것이 미덕인양 여겼기 때문일 것이다.

우리는 자신이 대면하게 된 문제를 참는 것이 아니라 인정하고 해결해야 한다. 자신이 해결할 능력이 있는 존재임을 믿고 해결책을 강구하는 일에 집중하는 그런 존재여야 한다. 또한 스스로를 사랑해야 한다. 자신을 사랑함으로써 자신을 괴롭히는 문제는 해결되어야 하는 것임을 이해해야 한다. 그런 교훈을 우리에게 일러주기 위해 이 이야기는 아직도 전해지는 것이다. 바로 문제에 대처하는 부정적인 모습과 마음 아픈 결과로 반면교사의 역할을 톡톡히 하는 것이다.

문제를 해결하기 보다는 술의 힘을 빌려 화를 분출하는 사람들의 버릇은 옛날이나 지금이나 같음을 또한 이야기가 알려준다. 이것은 자신이 그만큼 나약한 존재임을 나타내는 행위이다. 우리는 나이라는 것을 먹는다. 그것은 시간의 흐름을 따라 삶이 진행되고, 많은 경험을 한다는 말이다. 경험을 통해 배우고, 시각을 높이고, 시야를 넓히는 것이고, 모르는 상태에서 점점 아는 것이 많아지는 상태로 진행하게 된다. 그러면서 어른이 되어가고, 스스로 문제를 해결하는 능력을 키움으로써 자신감을 가지게 되는 것이다. 이런 삶을 느끼며 스스로 만족감을 느끼고 기쁨 또한 느끼게 되면서 자신을 사랑하게 되고 존중하게 되는 것이다.

덕성봉의 산삼밭

전라북도 부안의 변산은 서해안지대에서 유일하게 풍광이 빼어난 산이어서 예로부터 명산으로 알려져 있다. 이 명산인 변산안에서는 여러 가지 약초가 많이 나는데 그 중에서도 산삼은 진귀한 영약으로 치며 그 값이 금값이었다고 한다. 우슬재[우등치(牛藤峙)]를 너머 청림, 노적메를 지나 들독거리[거석리(擧石里)]에 이르면 동남으로 우뚝한 험준한 봉우리가 보이는데 이 봉우리가 해발 336m의 덕성치이다. 옛 부터 그 덕성치 어디인가에 산삼 밭 서마지기가 있다는 이야기가 전해온다.

옛날에 마음씨 착한 나무꾼이 있었는데 나무를 하여 하루하루 입에 풀칠이나 하면서 근근이 살아갔다. 하루는 아침 일찍 조밥덩이로 도시락을 싸 가지고 나무를 하러 어슬렁 어슬렁 덕성치의 우거진 나무숲 속을 지나갔다. 그런데 어디서 사람이 죽어가는 신음소리가 들리는 것이었다. 나무꾼은 무섭기도 하고 한편 놀라기도 하여 조심조심 숲을 헤치며 신음소리가 나는 곳으로 가보았다. 그랬더니 웬 남루한 옷차림의 늙은 중이 허기에 지쳐 쓰러져 죽어가고 있었다. 나무꾼은 얼른 중을 바로 뉘이고 불을 피워 더운물을 끓이고 싸가지고 온 조밥덩이를 중에게 먹였다. 그리고는 정성을 다하여 보살폈다. 얼마 후에 깨어난 중은 정신을 차리고는 고맙다고 치하를 했다.

중이 떠나면서 하는 말이 "그대의 이 은혜 갚을 길이 없으나 내 한 가지 가르쳐 주리라. 은혜를 조금이나마 갚으려 하는 것이니 명심하여 듣고 내가 하라는 대로 하시오. 이 산의 왼쪽 모퉁이를 돌아가면 산삼 밭 서마지가 있다오. 그 산삼밭에 가서 산삼 가운데 제일 큰 산삼은 캐지 말고 가장자리의 산삼 한 뿌리만 캐어다 팔면 평생을 그대는 편히 먹고 살 수 있을 것이요"하고는 나무꾼이 미처 인사도 하기 전에 그 중은 사라지고 말았다.

나무꾼은 믿기 어려운 그 중의 말을 듣고는 헛일삼아 중이 가르쳐 준대로 그곳을 찾아가 보았다. 과연 향긋한 산삼의 향기가 코를 찌르며 산삼밭 서마지기가 산의 중턱에 꽉 차 있지 않은가! 난생 처음 보는 산삼에 이것이 꿈인가 생시인가 나무꾼은 흥분하여 정신을 못 차리고 중이 한 말도 잊어버렸다.

밭에 있는 제일 큰 산삼을 캐어가지고 기쁨을 감추지 못하는 들뜬 마음으로 부자가 되는 꿈을 꾸면서 집으로 돌아왔다. 집에 돌아온 나무꾼은 조심스레 산삼을 살펴보니 산삼의 속이 텅 비고 그 속에는 좁쌀만 가득 들어 있지 않은가? 너무도 허망하고 꿈만 같아 곰곰 생각하니 중이 지시한 대로 하지 않았음을 알게 되었다.

나무꾼은 다시금 허겁지겁 덕성치로 달려가 그 산삼 밭 서마지기가 있던 곳을 찾았다. 하지만 아무리 찾아봐도 산삼 밭은 찾을 수가 없었다. 욕심에 눈이 어두워 중이 가르쳐 준대로 하지 않은 나무꾼은 뒤늦게 아무리 후회하여도 소용이 없었다. 부자가 되려는 꿈은 한바탕의 물거품으로 끝나고 말았다. 그런데 지금도 사람들은 덕성치 어딘가에 산삼밭 서마지기가 있을 것이라고 믿고 있다.

예기치 않은 우연으로 우리는 재난을 만난 사람과 동물을 구하기도 한다. 그런 일은 직접적으로 좋은 결과를 끌어오기도 하고, 자신의 존재감을 긍정적으로 생각하게 한다. 이 이야기의 나무꾼은 가난에 찌들고 소심하며 담대함의 의미를 미처 만나보지 못한 사람인 것 같다. 그는 욕심 이전에 자신이 만난 행운에 그저 들떠버린 것이다. 그의 마음이라는 그릇에 들어간 늙은 중의 주의, 횡재라는 느낌이 넘치자 그의 그릇에서 흘러넘쳐 사라졌다.

평소에 가진 생각, 가장 큰 것이 가장 값이 나갈 것이라는 생각만이 남아 실수를 한다. 어쩌다 만난 횡재는 그렇게 사라졌다. 횡재를 만나기 전보다 그의 삶은 더욱 허망해졌을 것이다. 여기에서 우리는 어떠한 상황에서도 자신을 지켜야 함을 배운다. 나쁜 일이건 좋은 일이건 우리는 그 자체를 제대로 볼 줄 알아야 한다. 나무꾼이 죽어가는 늙은 중의 신음 소리에 신중히 다가가는 것처럼 말이다. 그도 그렇게 자신의 행운에 조심스레 다가가며 행운에 정신을 잃지 말아야 했다. 그랬다면 그는 덮어놓고 일어나는 욕심도 잠재웠을 것이고, 늙은 중의 주의사항도 기억했을 것이다.

나무꾼이 만난 기회, 또 일어날 수 있는 기회가 아니라 자신에게 주어진 단 한 번의 기회일 뿐이라고 믿는 자세가 부정적 자세일 것이다. 어떠한 상황에서도 자신의 존재감을 긍정적으로 가져가야 함을 확실히 챙긴다.

무릎으로 걸어가던 치성이 낳은 긍정

조선朝鮮 때 정읍시 칠보면七寶面 시산리詩山里 삼리三里 마을에 이씨李氏 집안으로 시집온 부인 한 분이 살았다. 부인은 성격이 온순하고 착실하며 매우 근실하였다. 집안이 몹시 가난하여 남편과 함께 적은 농사를 지었고, 때론 품팔이까지 하면서 생활을 꾸려나갔다. 고생스러워도 얌전한 부인은 남편이나 집안에 대한 불평 한 마디 없이 살아 나갔다. 그런데 이 부인에게 걱정이 생겼다. 시집 온 지 삼 년이 지나도록 몸에 아기가 없었다. 자나 깨나 근심 속에 살아갔다. 남편도 아기가 태어나기를 몹시 기다리고 있었으니 남편 보기에 항상 민망할 수밖에 없었다. 주위에서도 왜 아기가 없을까 하고 궁금하게 여기는 사람들이 많아져 부인의 근심은 더욱 깊어만 갔다.

날이 갈수록 부인은 우울하고 답답했다. 하루는 부인이 집에서 쉬고 있었다. 마침 한 스님이 탁발을 와서 염불을 하고 있었다. 그 스님은 나이도 많고 학덕이 높은 고승高僧으로 생각되었다. 염불이 끝나자 부인은 쌀을 한 바가지 퍼서 부처님께 공양드리는 심정으로 공손히 시주施主했다. 이어 부인은 자신의 답답한 심정을 스님에게 얘기했다. "스님, 제가 시집 온 지 삼 년이 훨씬 넘었습니다. 그런데, 지금까지 태기가 없어 혼자서 고민만 하고 있사오니 좋은 방법을 좀 알려 주십시오." 스님은 이 말을 듣더니 미소를 지으며, "소승이 무슨 힘이 있겠습니까? 큰 걱정이 되시겠습니다. 그러나 정성을 다하면 이뤄지지 않는 일은 없습니다. 이곳에서 가까운 지점에 미륵불彌勒佛이 있답니다. 거기에 가서 치성을 드리십시오. 가끔 미륵불의 옷도 손수 지어서 입히고 떡도 해서 공양을 드리십시오. 그러면 그 공은 헛되지 않을 것입니다."하는 것이었다.

무엇을 해야 할지 모르던 부인은 이 말을 듣고 아들을 얻은 것처럼 흡족하고 기뻤다. 자신에게 아이가 생길 때까지 몸과 마음을 바쳐 정성을 다할 것을 결심했다. 가까운 곳에 미륵불(칠보면 武成里 香桃洞)이 있었다. 부인은 매일 밤 미륵불을 찾았다. 미륵불 앞에 108배를 하며 아들 하나 얻게 해달라고 빌었다. 그리고 매월 초사흗날은 미륵불의 옷을 지었고, 초이레날이면 떡을 만들어 놓고 치성을 드렸다.

옷을 짓는 초사흗날이 오면 닭 울음소리를 듣고 새벽 3시에 일어나 무명에서 씨를 빼내고, 그 무명을 활로 타서 물레로 실을 자아내 베를 매어(날실에 풀을 먹여 쓰다듬어서 밀려 감음) 베틀에 올린 후, 짜서 그 천을 가지고 미륵불의 옷을 지으면 해가 서산을 넘고 있었다. 그렇게 옷을 하루 만에 다 만들어 미륵불에 입히고 기도를 올리고 집에 돌아오면 이미 밤은 깊어 있었다. 흔히 아낙네들이 무명을 가지고 옷을 짓기까지의 과정을 치르게 되면 보름도 걸리고 한 달이 걸리는 것이 보통이다. 그런데 이 부인은 하루 만에 이 일을 해 냈으니 그 정성이야말로 어떻게 다 말 할 수 있겠는가.

또 떡을 하는 초이레날이 오면 역시 새벽 3시에 일어나 목욕재계沐浴齋戒한 후 쌀을 물에 담갔다. 쌀을 담그면서도 수없이 깨끗이 씻어 부정함이 조금도 없도록 했다. 오후에는 떡을 찌게 되는데, 오전에 손수 자기가 산에 가서 해온 마른 나뭇가지를 가지고 떡을 쪘다. 밤이 깊으면 떡시루를 이고 미륵불 앞에 갔다. 그런데 떡시루를 머리에 이고 갈 때는 서서 걸어가는 것이 아니었다. 자기 집에서 미륵불까지 무릎으로 걸어가는 치성을 드렸다. 삼리三里 집에서 미륵불까지는 상당한 거리(약 600m)인데 무릎으로 걸으며 떡시루를 이고 미륵불에 도착하면 무릎에서 피가 흐르곤 했다. 이렇게 만들어진 떡을 미륵불에 공양드리면서 백 여덟 번의 절을 하고 눈물을 씻으며 돌아오곤 했다.

부인의 이러한 정성은 눈물 없이는 볼 수 없었으니 주위의 칭송이 자자했다. 이렇게 치성을 드린 지 3년이 되는 어느 날, 부인의 입덧이 시작되었다. 태기胎氣가 분명했다. 부인의 기쁨과 놀라움은 말 할 것도 없고 남편과 시부모님의 기쁨도 이만저만이 아니었다. 마을 사람들까지도 모이면 미륵불의 영험靈驗을 얻은 것이라고 기쁨을 감추지 못했다.

그 후 부인은 옥동자를 낳았다. 미륵불처럼 아담하게 잘생겨 별명이 미륵불로 붙여지기도 했다. 그런데 학문과는 거리가 멀었다. 어른이 되어서는 서울 출입을 많이 하였다. 서울에 갈 때는 옆에 꼭 사람 하나를 데리고 다녔다. 요즈음으로 말하면 비서 격인 사람을 데리고 다녔던 것이다.

한 번은 비서를 대동하고 서울 성균관成均館에 들렀다. 그곳엔 많은 유학자들이 학문을 하고 있었다. 이씨는 당당히 학자들 사이에 끼어 담론을 펴고 남아로서 빈틈없이 행세를 했다. 유학자 중 한 사람이 이씨의 행동으로 보아 아무래도 무식한 사람인 것 같아서 유무식有無識을 시험하기 위해 축문祝文을 가지고 왔다. 축문을 이씨에게 내밀며 "제가 축문을 잘 못 읽으니 선생께서 한 번 읽어 주셨으면 합니다." 이씨는 참으로 입장이 딱했다. 자기의 무식이 탄로 나면 어찌할까 하여 가슴이 탔다. 그러나 당한 일이니 얼른 축문을 받아 들고 "유세차維歲次…"하고 큰 소리로 읽는 순간, 옆에 있던 비서가 "선생님, 큰 소리로 읽을 것 없습니다. 조용조용 읽으시면 됩니다."하자 이씨는 입만 들썩들썩 하면서 읽는 척하다가 끝에 가서 "상향尙饗" 을 큰 소리로 외쳤다. 이씨도 평소에 '유세차와 상향'은 알았던 모양이다. 이렇게 해서 창피를 당할 자리를 간신히 모면했다 한다.

또 한 번은 여러 학자들 사이에서 놀게 되었는데 어느 학자가 종이와 붓을 내 놓으면서 "선생님의 글씨 한 줄을 받고 싶습니다."하는 것이었다. 이씨는 순간 등골에서 땀이 주르륵 흘러 내렸다. 그러나 어차피 맞닥뜨린 일이라서 "그럼 해서楷書로 써 볼까요? 초서草書로 써 볼까요?" 묻는다. 그 학자는 "이왕이면 초서체로 하나 받고 싶습니다."하는 것이었다. 이씨는 이 순간 "그럼 초서는 이 사람이 나보다 나은 데가 있습니다. 그러니 이 사람의 초서를 한 폭 드리기로 하죠." 하면서 붓을 비서에게 넘겨주었다. 비서는 눈치 있게 얼른 붓을 받아 들고 일필휘지一筆揮之하여 내놓으니 칭찬이 대단했다. 이렇게 이씨는 비록 무식했지만 재치가 있어 세상살이를 아무런 흠 없이 해내며 덕을 베풀면서 살아갔다. 이씨는 늦게나마 참봉參奉(조선조 때 관아에 딸린 종 9품 벼슬) 벼슬에 까지 올랐고, 부부가 해로하는 가운데 행복하게 살았다 한다.

자식을 얻기 위한 어머니의 치성이 상상을 초월하니 자못 놀랍다. 정성을 들일수록 우리는 원하는 바를 이룰 수 있다는 확신을 가지게 된다. 그것이 기도이며 바로 믿음일 것이다. 주인공 이씨는 자신이 어머니가 될 수 있는 존재임을 믿었다. 그 믿음의 근거가 자신이 미륵불에게 바치는 정성이었다. 자신이 자식을 낳기 위해 할 수 있는 방법을 모르던 그녀. 그러다 중에게서 들은 방법, 실천했고, 인내로 기다렸다.

인고의 세월을 보낼 수 있었던 것은 자신이 할 수 있는 최선을 다했기 때문이다.

대부분의 우리들은 걱정을 앞세운다. 그래서 불안한 마음을 겉으로 나타내기 마련이다. 아이가 없다는 걱정을 서로 나누다 보면 부정적인 마음의 상태를 계속 느끼게 된다. 시간이 흐르며 점점 그 상태는 깊어지기 마련이다. 그러면서 용하다는 의사도, 점쟁이도, 무당도 찾으며 순간의 위로를 얻기도 한다. 하지만 자신의 마음은 더욱 부정적인 생각에 젖어 자신의 존재감으로 '아이 없는 여자'라는 낙인을 찍게 되는 것이 일반적인 모습일 것이다. 그래서 우리는 부정적인 마음을 버려야 하는 것이고, 부정적인 생각의 침입을 경계해야 함을 챙겨든다. 자신의 믿음을 굳건히 다짐으로써 원하는 삶의 주인공이 될 수 있음을 확실히 한다.

그런 믿음대로 태어난 아들은 재치가 대단하다. 자신은 글을 몰라도 유능한 비서를 선택해 거느릴 수 있었던 것도 그의 능력 때문이었을 것이다. 거느리는 사람의 솜씨만 봐도 그가 모시는 주인의 능력은 저절로 평가된다는 것을 보여준다. 정성으로 태어난 이씨는 그 정성만큼 두뇌를 빼어나게 사용한다. 글을 아는 것 보다, 상황을 파악하고, 문제의 핵심을 이해하는 것이 보통의 우리네 보다 한수 위임을 알려주는 이야기로 느껴진다. 거기에다 그의 순발력에는 사용할 기본적인 재료가 있었음도 우리는 알아차려야 한다. '유세차'로 축문이 시작된다는 것, '상향'으로 끝낸다는 것을 그는 따로 공부하지 않아도 생활에서 알았다. 그것을 절묘하게 사용한다. 또한 붓글씨에 해서와 초서가 있음도 알았으니 이를 적절히 사용한다. 그 어떤 것을 상대가 말해도 그것은 비서가 잘 한다고 하면 되는 것이니 말이다. 순발력을 발휘하려고 해도 이렇게 기본적인 재료가 있어야 한다. 그는 별도로 앉아 공부는 안 했어도 삶에서 적절하게 기본 지식을 챙긴 것이다. 책과 공부의 장소를 따로 챙기지 않아도 우리는 많은 것을 주변에서 배울 수 있다는 것도 확실히 챙긴다. 그리고 위기를 모면하는 그의 순발력과 재료를 적절히 사용하는 창의력도 필요에 의해 만들어졌을 것임도 추측해 본다. 자신이 충분히 안다고 생각하면 그에 매몰 되어 이런 재능을 발휘할 기회를 갖지 못하기 때문이다. 또한 비서와 손발이 척척 잘 맞는 것을 보면 그에게 자신의 적나라한 모습을 보이면서 거기에서 존경을 받았기 때문이라 여겨진다.

정성으로 태어난 아들이 공부를 하지 않을 때 어떻게 할 것인가. 요즘에 흔히 일어나는 일이기도 하다. 일반 부모들과는 다르게 이씨네 부모는 그를 믿었음이 확실하다. 미륵불이 주신 아들, 자신의 정성으로 태어난 아들, 그런 믿음으로 그들은 삶을 즐겁고도 편안하게 누리며 살았을 것이다. 그런 '누린다'는 것을 현대의 우리들이 많이 잃은 것 같다. 소유하기에 급급한 요즈음이기에 말이다. 부정적인 생각들을 버리면서 삶에 주어진 것을 누리면서 기쁨을 느끼는 행복한 삶에 대해 한 수 배운다.

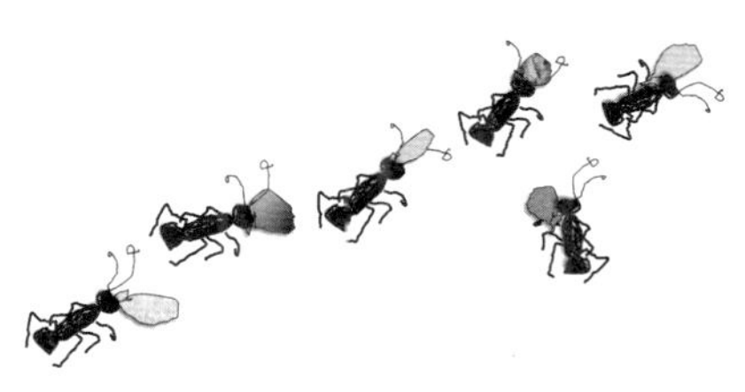

서로 모여 숲을 이루었다.
우리의 삶이 모여 이야기가 되었다.

문제 해결

가장 긴 이야기
이서구의 지혜
검단선사와 검당마을
강선교
요강다리 전설
김제시 진천마을의 전설
허수아비
게세를 없앤 고부군수 박규동

우리가 문제를 만난다는 것, 내재된 자신의 지혜와 용기를 끄집어낼 수 있는 기회를 만난 것이다. 자신이 만난 문제를 해결하기 위해 자신의 힘을 사용한다.

스스로 생각하고 자신을 느끼는 것이다. 그래서 우리는 살면서 만나는 문제를 직접 스스로의 힘으로 해결하는 경험을 해야 한다. 그 과정에 자신의 힘을 느끼고, 문제 해결 방안에 대한 능력도 키우고, 존재감을 느끼며 자신감을 키워나가는 것이다.

과거 조상님들의 경험을 통해 문제해결 방식도 배우고, 문제를 직접 해결할 수 있는 능력을 우리는 다 가지고 있음도 깨우쳐 본다.

가장 긴 이야기

옛날하고도 아주 먼 옛날, 사람이 지금같이 많이 살고 있지 않던 시절, 한 마을에 아버지와 아들이 살고 있었다. 집은 100여 채나 되는 큰 마을이었는데도 이 마을에서는 이야기를 통 들을 수가 없었다. 어른 아이 할 것 없이 모두 이야기 들을 데가 없었다. 그러던 중 마을에 이야기꾼이라고 소문난 사람이 이사를 왔다.

그래서 아버지는 이야기를 들으러 이야기꾼 집으로 갔다. 그런데 이야기꾼이 하는 말이 "이 귀한 이야기를 그냥 들을 수야 있습니까? 돈 냥이나 내놓으시면 들려드리리라" 하는 것이었다. 아버지가 "얼마나 내면 되겠소?" 하니까 "한 번에 열 냥이면 되겠소" 하였다. 그리하여 아버지는 한 자리에 열

냥을 내고 이야기를 듣게 되었다.

"의주 압록강이 있지요?" 하고 이야기꾼은 이야기를 시작하였다. "아, 있지요" 하고 아버지가 대답하였다. "그 압록강을 건너가면 중국 땅입니다. 요동 칠백 리 입니다. 거기 갈대밭에 쥐가 수천 마리 있는데, 갈대밭에서 먹을 것이 없어서 그 쥐가 우리나라로 건너옵니다." "그 건너로……" 하고 아버지가 중얼거리자 "이야기 들으시면 꼭 대답을 해야 합니다." 하고 이야기꾼이 말하였다. 아버지가 "그럽시다." 하고 대답하니 이야기꾼이 다시 이야기를 시작하였다.

"그러니까, 건너올 적에 쥐가 그냥 한 마리가 오는 게 아니라 쥐가 쥐 꼬랑지를 물고 오더라 이겁니다. 쥐 한 마리가 쥐 꼬랑지를 물고, 또 한 마리가 쥐 꼬랑지를 물고, 또 쥐 꼬랑지를 물고, 물고. 아, 이래서 수천 마리가 압록강을 건너옵니다." "그렇지요." 아버지가 대꾸하자 이야기꾼이 물었다. "거, 소리가 나겠소, 안 나겠소?" "아, 소리가 나겠지요." 이야기꾼은 옳다구나 하고는 "옴방통방 옴방통방……" 이 소리만 해 댔다.

"옴방통방 옴방통방 옴방통방……." 이 소리만 하다가 저녁때가 다 되었다. 아버지가 "아, 이야기 다 끝났소?" 하니까 이야기꾼은 "아직 멀었소" 하고는 계속 "옴방통방 옴방통방……" 하였다. 아버지는 배도 고프고 밤낮 듣는 소리가 그뿐이라 "에이, 그만 들을라오" 하고는 집으로 돌아갔다.

집에 들어가니 식구들이 "아버지. 이야기 들으러 갔다 왔으니까 들은 이야기나 해 주세요" 하고는 아버지 곁으로 모여들었다.

"아, 이러쿵저러쿵해서 의주 압록강 너머에, 저 요동 칠백리에 쥐가 많은데, 쥐들이 배가 고파서 한국으로 건너오는데 쥐가 쥐 꼬랑지를 물고, 쥐가 쥐 꼬랑지를 물고, 또 쥐가 쥐 꼬랑지를 물고, 아 그래 갖고서 건너오니까, 옴방통방 옴방통방…… 그 소리만 하더라." "아, 다른 소리는 없어요?" "그 소리 밖에는 없어. 내일 가서 또 한 번 들어보자."

그래서 아버지는 그 이튿날 다시 이야기꾼 집에 갔는데, 듣는 이야기가 또 그 소리였다. 며칠 동안 다녀도, 열 번을 가면 열 번이 다 밤낮없이 그 이야기였다. 그러니까 이야기꾼은 그 이야기 하나 가지고 이야기 장사를 한 것이었다. 아버지와 아들이 머리를 맞대고 가만히 생각해 보니까 이야기꾼 장사놀음에 공연히 돈만 빼앗긴 꼴이었다.

"아버지! 아버지가 그동안 늘 다녀봤지만 다른 이야기는 못 들었으니까 제가 한번 가보겠습니다." 아들의 말에 "아, 그러면 그래 봐라" 하고 아버지는 고개를 끄덕였다. "그러면 아버지, 제게 백 냥을 주시오." "이놈아! 한 자리에 열 냥씩밖에 안 받는다." "아니오. 백 냥을 가지고 가서 저는 이야기 내기를 할랍니다."이렇게 하여 아들은 백 냥을 가지고 이야기꾼 집에 갔다.

"나는 이야기를 들으러 온 것이 아니라 이야기 내기를 하려고 왔습니다." 아들의 말에 이야기꾼은 "아, 그거 좋지. 내기를 하자"며 자리를 내주었다. "그러면 내기를 어떤 식으로 할까요? 아저씨 이야기에는 마디마디가 있소?" "아, 마디마디가 있다마다." "그러면 두루마리를 죽 놓고서 종이를 펴 놓고 거기다가 붓으로 마디마다 점을 찍읍시다."이야기꾼이 가만히 생각해 본즉 자기 이야기보다 더 긴 이야기는 세상에 없었다. 아무리 해도 '옴방통방 옴방통방' 하면 수백 점, 수천 점이라도 찍을 수가 있는 것이었다. 그래서 이야기꾼은 그렇게 하자고 하였다. 그러니 아들이 말하기를 "그런데 조금 걸기는 없고, 난 지금 백 냥을 갖고 왔소. 그러니까 백 냥 내기를 합시다." 하였다. "그래. 백 냥. 네가 이기면 내가 열 배인 천 냥을 주고, 내가 이기면 백 냥만 받겠다." "그럼 그렇게 합시다. 약속대로 합니다." "아무렴. 약속대로 해야지. 약속대로 안 하면 안 된다."이런 말들이 오가던 중 점심때가 되었다. 아들이 이제 내기를 시작하자고 하니 이야기꾼은 "아, 점심이나 먹고 해야지" 하였다. "그럼 그렇게 합시다."

밥을 먹은 두 사람은 이야기 내기를 시작하였다. 이야기꾼이 먼저 이야기를 하였는데 "옴방통방 옴방통방……" 하면서 죽 점을 찍어 내려갔다. 이렇게 하여 저녁때가 되었다. 이야기꾼이 배가 고파 "밥을 먹고 하자"고 하니, 아들은 "아니오. 이야기가 다 끝났으면 진지 드시고, 이야기가 안 끝났으면 진지 못 드십니다."하였다. 아들의 말에 이야기꾼이 드는 생각이 '아 이놈이 나보다 더 긴 이야기를 하려는가 보다'하고는 이야기를 조금 더 하였다. '내가 이렇게 마디마디마다 종이를 한 반절이나 차게 해 놓았는데, 아무리 네 이야기가 길다 한들 이 이상은 길 수 없을 게다.' 이야기꾼은 이제 다 끝났다고 하며 밥을 먹자고 하였다.

이렇게 하여 둘은 함께 저녁밥을 먹었다. 밥을 다 먹은 이야기꾼이 "이제 네 이야기를 시작해라" 하고 말 하자 아들은 "아닙니다. 아저씨도 낮에 했으니까 나도 오늘 자고 내일 낮에 하렵니다." 다음 날 아침, 아들은 아침밥을 아주 든든히 챙겨 먹었다. 두어 끼니쯤은 거뜬히 굶을 수 있을 정도로 배를 채우고는 이야기꾼의 집으로 갔다. "이야기하러 왔습니다." 이야기꾼과 마주 앉은 아들은 이야기를 시작하였다.

"우리 집 뒤에 가면 큰 둥구나무가 하나 있습니다. 그런데 장마 때가 되어 하늘에서 큰 비가 옵니다. 그래서 둥구나무 속으로 빗물이 들어가는데, 그 소리가 나겠습니까, 안 나겠습니까?" "아, 물이 흐르면 소리가 나겠지." "예. 쫄쫄 쫄쫄 쫄쫄 쫄쫄 쫄쫄 소리가 난다 이 말입니다." 이러면서 아들은 그 '쫄쫄'에다 점을 찍었다. 처음에는 "쫄쫄 쫄쫄" 이러다가 나중에는 "오졸쫄쫄, 오졸쫄쫄쫄, 오졸쫄쫄쫄……" 이러면서 점을 찍었다. 그렇게 시간이 흘러 점심때가 되었다. 이야기꾼이 배가 고파 "그만 밥 먹고 하자" 하니 아들은 "아닙니다. 내 이야기는 아직 안 끝났으니까 밥 안 먹어요. 가만있어 봐요" 이러면서 계속 "오쫄쫄쫄, 오쫄쫄쫄" 하였다.

아들은 그렇게 저녁때까지 앉아 계속 "오쫄쫄쫄, 오쫄쫄쫄" 하며 종이에 점을 찍었다. 이야기꾼이 가만히 생각하니, 자기는 한나절밖에 안 하였는데 아들은 하루를 하고 있는 것이었다. 결국 이야기꾼은 "아, 내가 졌다. 아주 졌어" 하고 두 손을 들었다. 이에 아들은 "그러면 천 냥을 내셔야지요" 하며 손을 내밀었다. 이야기꾼은 "다 팔고 지금 천 냥밖에 없겠다." 하며 주머니를 뒤졌다. 그러자 아들은 "그러면 그냥 백 냥만 주세요. 밤낮없이 같은 소리였지만, 그래도 우리 아버지가 아저씨 집이 와서 열 번 오면 열 번마다 다 이야기를 들었는데 제가 한 자리에 앉아 더 받을 수는 없지요. 그러니까 우리 아버지가 갖다 준 그 돈만 주세요" 하였다. 이렇게 하여 아들은 아버지의 돈 백 냥을 다시 찾아왔다고 한다.

TV도 라디오도 없던 아주 옛날, 이야기가 귀한 시절의 재미있는 이야기로 전북 김제시 주민의 이야기에서 채록한 것이라고 한다. 이렇게 사람은 워낙 이야기를 좋아하는 본성을 가지고 있음을 확인하며 드라마가 사람들을 TV에 불러 모으는 이유도 알 수 있다. TV가 있기 전에는 라디오가 소리만으로 하는 연속극으로 사람들을 모았었다.

이 이야기는 문제를 해결하는 전략으로 상대방의 전략을 역이용 할 수 있음도 알려준다. 우리의 두뇌는 이렇게 사용되어야 한다. 일반적으로 우리는 문제를 만나면 감정적인 반응부터 한다. 사기를 당했으니 분에 못 이겨하고 어쩔 줄을 몰라 한다. 하지만 이야기 사기를 당한 사람의 아들은 자신의 두뇌를 제대로 사용하여 이야기를 판 사람의 방법을 그대로 이용한다. 이것이 가능한 것은 가장 긴 이야기를 생각할 수 있는 두뇌를 가진 자신이 가장 똑똑하다고 이야기꾼이 생각하기 때문이다. 아마 이런 성공을 그는 여러 번 했을 것이다. 그것이 자만이 되었고, 남들은 그런 생각을 못한다고 여기게 된 것이다.

사회에서 만나는 사람들, 눈에 훤히 보이는 데에도 불구하고 거짓 행동과 말을 하는 사람들이 있다. 그것도 자신에게 별 이익도 없으나 순간 자신의 어떤 감정에 의해서 치졸한 속임과 자랑을 하는 것이다. 스스로 똑똑하다는 자만심에 차 있는 행위, 하지만 우리는 모두 똑똑하다. 저마다의 능력을 가진 우리, 거짓됨에 이야기의 아들처럼 용감하게 나서야 할 것 같다. 대부분 알면서도 눈 감아 버리는 경우가 많다. 이제 담대하고 당당하게 일을 처리하기 위해 두뇌를 적극적으로 활용해야 할 것 같다.

또한 아들은 상황을 주도적으로 끌고 갔다. 자신이 이기기 위하여 밝은 날 다시 오기로 약조를 하고는 아침밥을 든든히 먹고는 이야기를 시작했다. 그의 태도는 시종 담대하고 당당하다. 담대하기에 자신이 상황을 주도할 수 있었고, 상대가 손을 들 때까지 자신 있게 자신의 전략대로 밀고 나갔다. 이런 담대함과 당당함은 쉽지가 않은 삶의 태도이다. 자만심으로 가득한 이야기꾼의 태도에 감정적 반응을 하지 않고 자신의 태도를 유지한 우리 조상의 이야기에 많은 감탄을 하며 이야기가 전하는 '담대하고 당당 하라'를 우리의 자세로 가진다. 또한 우리는 섣부른 성공의식으로 자만심에 찰 수 있음도 챙긴다.

이서구의 지혜

나이를 먹으면서 젊은 사람들에게서 무시 받는 느낌을 가끔은 만나기도 한다. 대부분 그런 경험을 나이 들면서 갖게 될 것이다. 또한 그 모습은 젊은 시절 자신들의 모습이기도 할 것이다. 그럴 때 자신의 분노라는 감정에 침몰하여 문제를 해결하는 것이 아니라 관계를 더 악화시키고, 더욱 자신을 추레하게 만드는 어른(?)이 되기도 한다. 이런 우리에게 해결방안을 제시하며 지혜를 알려주는 얘기가 전라북도 정읍에서 전해지고 있다.

강산薑山 이서구李書九는 본관은 전주로, 조선조 23대 순조 때의 학자이자 시인이며 정치가다. 호를 강산, 척재惕齋, 석모산인席帽山人이라 불렀다. 어려서부터 덕과 재주가 남달리

뛰어났고 무재武才 또한 뛰어났다고 한다. 전라도 관찰사, 대사헌, 우의정, 판중추부사에 오르기도 했다. 특히 문장이 뛰어나, 박제가朴齊家 이덕무李德懋 유득공柳得恭과 더불어 한시漢詩의 4대가四大家라 일컬어진다.

강산薑山은 약관 16세에 태인泰仁 고을의 순찰사巡察使로 임명되었다. 아직은 어린 소년의 나이로 순찰사의 막중한 임무를 맡아 낯선 지방에 부임하였으니, 일을 처리함에 어려움이 많았다. 밑에 사람들 까지도 어리다고 비웃었고, 나이 많은 하관下官들은 강산을 무시하는 경우도 많았다. 순찰사로서 소임을 수행하기 위해 부하들에게 지시를 하나 이때마다 늙은 하관들의 비웃음은 계속되었다. 그의 지시를 듣고 돌아서는 하관들은 자기들끼리 다시 모여 흉을 보고 '어린 녀석'이라 하며 빈정거리는 것이었다. 물론 강산도 이 눈치를 알아 차렸다. 어떻게 하면 이들의 건방진 행위를 고쳐줄 것인가 하고 고심했다. 그러나 특별한 묘안이 떠오르지를 않았다. 날이 갈수록 강산은 부하들에게 무시당하는 것이 괴로웠다. 고심하느라 밤잠을 설치기도 했다.

하루는 강산이 많은 하관을 거느리고 조회朝會를 하고 있었다. 그날의 훈시를 그가 내리고 있었으나 하관들은 전혀 집중을 하지 않았고 태도가 불량하기 짝이 없었다. 그런데다가 뒷자리에서 몇 명의 하관들은 전혀 귀를 기울이지 않았을 뿐 아니라 심지어는 자기들끼리 웃으며 소곤대고 있었다. 강산은 화가 치밀대로 치밀었다. 그는 더 이상 참을 수가 없었다.

"여러분, 조용히들 하시오. 지금 당장 저 수수밭에 들어가 수숫대 하나씩을 뽑아 오도록 하시오."

하관들은 어찌된 영문이냐고 서로들 수군거리면서 밭에 들어가 수숫대를 하나씩을 뽑아 가지고 돌아왔다. 강산은 손수 일어나 돌아보며 한 사람도 빠짐없이 수숫대를 가지고 왔는지를 확인했다. 한 사람도 감히 어길 수가 없었다. 이어 강산의 명령은 다시 떨어졌다.

"여러분, 지금 가지고 있는 긴 수숫대를 조금도 구김 없이 각자의 옷소매에 넣도록 하시오. 넣을 때 수숫대가 부러지거나 굽어지면 그대로 두지 않을 것이니 이점 명심하도록 하시오."

많은 하관들은 그의 갑작스런 엄명에 벌벌 떨며 어찌할 줄을 몰랐다. 여기저기서 수군수군 하는 스리가 들렸다. 자기 키 보다 큰 수숫대를 구기지 않고 어떻게 옷소매 속에 어찌 넣을 수 있겠는가? 결국 서로들 수숫대를 옷소매에 넣지 못하고 쳐다 만 보고 있었다. 이윽고 강산은 입을 열었다.

"보시오. 이 수숫대는 일 년도 채 자라지 못한 곡식입니다. 일 년도 못 자란 수숫대를 여러분은 한 사람도 자기 옷소매 속에 넣지를 못했습니다. 일 년도 못 자란 수숫대 하나를 마음대로 못하는 사람들이 십육 년을 자라온 이서구를 무시하는 불손한 태도는 어디서 배운 것이오? 누가 대답을 해 보시오?"

이렇게 다그쳐 물으니 주위는 죽은 듯이 조용하였다. 그 지혜 앞에 아무도 감히 입을 열 수가 없었다. 이런 일이 있은 후, 강산을 인정하고 받드는 하관들은 날로 늘어갔다. 강산 또한 항상 자신의 행동을 뒤돌아보며 덕을 베풀었다. 관리자로서 자기 임무를 다하여 훗날 갖은 칭송 속에 관직官職 수행자로 높은 평가를 받은 인물로 그의 이야기가 전해지고 있다.

지금 자신이 대면하고 있는 문제를 해결하는 일에 집중하는 이서구. 우리도 그래야 할 것이다. 그것이 문제를 해결하고 앞으로 나아가며 자신을 성숙시키는 길이기 때문이다. '어른아이'들이 많아진 오늘날, 마음도 몸과 같이 자라나서 감정의 분출을 넘어 문제를 멋있게 해결하라는 조상의 따끔한 가르침이다. 또한 이서구는 22세에 처음 관직을 가진 것으로 전해지나 이 이야기에서의 이서구는 약관 16세에 순찰사가 되었다고 한다. 그것은 우리네 조상들이 우리에게 메시지를 강조하고 싶었기 때문이리라.

검단선사와 검당마을

우리는 살다가 삶의 길을 잃기도 한다. 까마득히 높은 절벽을 만나거나, 느닷없이 넓은 강을 만나기도 하고, 깊은 산속에서 길을 잃기도 한다. 길을 찾을 수 없는 난관을 해결하기 위해서는 자신이 해결할 수 있음을 믿고 방안을 찾아야 한다.

하지만 자신이 지금까지 해오던 것이 더 이상 생존의 방도가 되지 못할 때 절망에 빠지기 쉽다. 그것은 고착된 시각 때문이다. 그래서 다른 해결 방법이 안 보이니 삶을 포기하거나, 잘못된 길을 선택하기도 한다. 사람이 나빠서가 아니라 다른 길이 없다고 생각해서이다. 그런 우리들에게 길을 찾는 지혜를 알려주는 이야기가 전북 고창에서 전해져 오고 있다.

전라북도 고창군 심원면心元面 월산리月山里 검당마을, 40년 전까지만 해도 300여 가구가 육염陸鹽(천일제염의 일종)을 생산해 풍요로운 생활을 누려온 곳이었다. 그러나 산림법과 전매법 등에 묶여 천일염의 생산이 어려워짐에 따라 지금은 주민들이 모두 뿔뿔이 흩어졌다. 지금은 겨우 8가구만 남아 연안 어업에 종사하고 있을 뿐이다.

이제는 이름만 남아 있을 뿐 염전으로서 구실을 잃은 여기 염정鹽井에 얽힌 지혜로운 검단선사의 이야기가 있다.

지금으로부터 1400여 년 전인 서기 577년, 검단선사黔丹禪師가 선운사를 창건할 때 선운산 계곡은 많은 도적들의 은신처였다. 이 도적들은 어항을 중심으로 금품을 강탈하고 행패를 부리는 등 심한 민폐를 끼치고 있었다. 검단선사는 민폐를 막고 이들 도적들을 깨우쳐 새로운 삶으로 인도하기 위한 전략을 세웠다. 무력으로는 도적들을 어찌할 수 없었던 검단스님은 그들에게 새로운 생계수단을 제공할 수 있는 방안을 만들었다. 이윤을 많이 낼 수 있는 육염을 도적들에게 굽도록 종용하였다.

검단스님은 선운산에서 북쪽으로 3km쯤 떨어진 바닷가에 진흙으로 불룩하니 한라산 백록담의 축소판처럼 분화구 웅덩이를 만들게 하였다. 그리고 이 웅덩이(井)에 바닷물을 채웠다가 그 수분을 증발시켜냈다. 샘 안에 있던 바닷물을 그렇게 며칠 동안 자연증발을 시킨 뒤 샘 바닥에 남은 하얀 결정체를 긁어모으면 곧 이것이 결정체가 굵은 청염이다. 이를 다시 볶아 내면 육염이 되는 것이다.

검단스님은 이처럼 십 수세기 전에 이미 이곳 도적들에게 천일제염법을 가르쳐 그들로 하여금 어두운 그늘을 스스로 벗어나서 살 수 있는 생계수단을 마련해 주었다. 먹고 살 길이 없어 도적이 되었던 그들에게 개과천선할 수 있는 새로운 삶의 터전을 열어 준 것이다.

생업을 찾은 도적들은 열심히 일하여 부를 누리게 됨으로써 마을을 형성하고 풍요로운 삶을 누렸다. 이곳 주민들은 자기들에게 새로운 인생의 길을 열어 준 검단선사의 이름을 따서 마을 이름을 검당이라고 불렀다.

또한 일제 치하까지만 해도 제염법을 가르쳐준 선사에게

보답하기 위해 매년 봄, 가을 두 차례로 보은염報恩鹽이라 하여 소금 두 가마씩을 선운사에 바쳐 왔다는 것이다. 이러한 유래 속에 날로 번창해오던 검당마을의 육염은 오늘날 전매법에 묶여 그 생산이 어렵게 되었고 산림법으로 땔감나무를 구할 수 없어 자연적으로 사양화되고 말았다.

고정된 시각으로는 알 수 없었던 생존의 방도, 그래서 도적이 되어 남의 것을 빼앗는 행위로 삶을 유지했던 불쌍한 사람들. 그들과는 다른 시각으로 문제해결 방안을 찾아내고 그들을 구제해 생산적인 일에 종사하게 한 검단선사의 지혜. 남의 재화를 빼앗는 도적에서 재화를 생산해 내는 일을 하는 양민으로의 전환, 바로 이러한 것을 획기적인 변화라 하겠고, 변화를 맞이한 그들에게 그것은 기적이었다고 본다.

이 이야기는 오늘날의 우리에게 지혜를 가져야 함을 일깨운다. 다양한 시각, 유연한 사고를 가져야 함을 또한 일깨운다. 인간은 스스로 가치를 창조하는 것에서 만족한 삶, 행복한 삶, 성숙한 삶을 일구어낼 수 있는 것임도 또한 다시 챙겨들게 한다.

마음을 열면 세상이 마음 안으로 들어온다.

강선교

전라북도 고창군 흥덕면興德面은 지금은 비록 면소재지에 불과하지만 옛날에는 고창지방의 정치, 경제, 문화의 중심지로서 사적史跡이 많은 곳으로 유명하다. 특히 이곳은 고려 때 강감찬 장군이 현감으로 있었기에 더욱 유명하다.

이곳 흥덕에서 서해안을 향해 십 리쯤 가다 보면 남서쪽으로 흘러내리는 크지도 작지도 않은 냇물이 있고 이 냇물을 가로질러 놓여진 다리가 하나 있었다. 이 다리는 '강선교'로 이에 얽힌 이야기는 이 지방 사람들의 마음속에 아직도 생생하게 전해지고 있다.

까마득히 먼 옛날부터 이곳은 해마다 물난리로 큰 피해

를 입고 있었다. 사람이 떠내려가고 논이나 밭이 물에 씻겨 나가고 집이 가라앉는 등 피해가 이만 저만이 아니었다. 그러나 누구 한 사람 이런 재난을 막아야 한다고 나서는 사람이 없었고 그저 하늘만 쳐다보고 한숨만 쉬었다. 그러던 어느 날 이 재난을 막겠다고 나선 한 사람이 있었으니, 강선降仙이라는 기생이었다. 동네 사람들은 깜짝 놀랐다. 남자들도 감히 나서지 못하고 있는데 나이 어린 기생이 재난을 막아야 한다고 나섰으니 더욱 놀라지 않을 수 없었다.

강선은 본래 훌륭한 집안의 외동딸이었으나 집안이 몰락하는 바람에 기생이 되었다. 강선이 입을 것 입지 않고, 먹을 것 먹지 않고 모은 돈을 몽땅 털어 다리를 놓겠다고 한 것이다. 그러나 둑을 쌓고 다리를 놓는다는 것은 여간 힘들지 않았다. 돈이 엄청나게 들뿐 아니라 많은 사람들이 있어야 하기 때문에 가냘픈 어린 소녀의 힘으로는 벅찬 일이었다. 그러나 얼마 가지 않아 사람들은 또 한 번 놀라고 말았다.

때는 조선조 성종 때로, 마침 성종은 농사를 나라의 으뜸으로 삼았기 때문에 저수지를 만들거나 둑을 쌓는 일에는 온 힘을 쏟았다. 그러니 농사에 도움이 되는 일에는 관청에서도 많은 협조를 하였다. 이러니 강선이 하는 일에 관청에서 발 벗고 나서게 된 것이다.

빈둥거리던 마을 사람들도 앞을 다투어 둑을 쌓고 다리를 놓는 일에 나섰다. 몇 달이 지나 다리공사는 끝이 났고 마을 사람들은 말할 수 없이 기뻤다. 그리하여 마을사람들은 강선의 거룩한 뜻을 길이 새기기 위하여 다리의 이름을 '강선교'라고 했다.

세월은 흘러 기생 강선도 이젠 늙었다. 강선 할머니도 이제 얼마 남지 않은 여생을 더욱 보람 있게 보내기 위해 자기가 모은 재산을 가난한 이웃에게 나눠주었다. 마을 사람들은 강선 할머니의 고마운 뜻이 헛되지 않기 위해 모두 부지런히 일했다. 몇 백 년의 세월이 흐르고 흐르는 동안 그 때의 다리는 없어졌지만 강선교에 얽힌 이야기는 이 마을 사람들의 마음속에 지워지지 않고 전해오고 있다.

우리는 재난도 습관적으로 그저 당연한 듯 바라보기만 한다. 각자가 해결할 능력이 있는 사람이라는 인식을 하지 못하기 때문이다. 자신을 왜소한 존재로 여기기 때문이다. 그러나 우리는 다 능력이 있는 멋있는 존재이다. 그러한 것을 입증해 준 기생 강선, 그의 용기와 도전으로 사람들은 문제해결을 위해 힘을 모을 수 있었다. 그리고 문제를 해결함으로써 삶을 바라보는 시각을 달리할 수 있었다.

우리가 살면서 만나는 문제들, 해결하면 된다. 그리고 우리가 문제를 만난 것은 해결할 능력이 있기 때문이다. 이렇게 우리 인류는 진화를 거듭하여 오늘날의 우리가 되었다. 그들이 전해주는 삶을 사는 방법, 우리의 것이다. 그렇게 오늘도 삶의 기술을 배우며 살아가는 우리들이다.

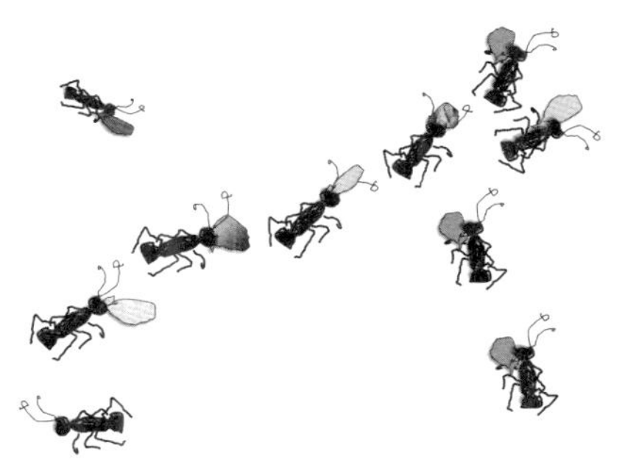

요강다리 전설

전라북도 김제시 용지면 신정리 서정마을 주민들 사이에 전해지는 이야기다.

고려 말엽 용지면 신정리 서정마을은 전라감영으로 가는 길이며 또한 한양으로 가는 길목이었다고 한다. 이때의 풍습은 혼인을 하면 1년 정도 친정에 머물다가 신랑 댁으로 신행을 갔다. 혼례식을 올리면 신랑이 신방을 치른 뒤 신부를 친정에 두고 혼자 집에 간다. 그 뒤 몇 차례의 재행 걸음을 한 뒤 신부가 신행을 간다. 결혼 생활의 적응을 친정에서 하는 배려였을 것이다. 신부가 타는 가마 한구석에는 요강을 놓았다.

이李씨 신랑 댁으로 가던 신행길, 신부가 갑자기 복통을 호소하며 가마에 있던 요강을 다리 밑으로 떨어뜨렸다. 신부의 출산 기미로 생각되어 하인들은 재빨리 다리를 건너 가마를 멈추었다.

그날 밤 신부는 진통 끝에 옥동자를 낳았고 그 옥동자는 장성하여 이씨 가문의 중시조가 되었으며 조선왕조 창업에 앞장서 왕도를 잡게 했다는 전설이 있다. 그 뒤, 신부가 요강을 떨어뜨렸다 하여 그 다리는 요강다리라 불리운다. 그리고 그 때 낳은 옥동자가 임금을 도와 나라에 큰 공을 세웠다고 하여 그곳을 옥쇄골이라 불렀다고 한다.

결혼을 했다 해서 바로 낯선 시댁으로 가는 것은 우리네 전통이 아니다. 그래서 신부가 혼례식을 마치고 신방新房을 치른 뒤 신랑집으로 가는 의식을 신행이라고 했다.

혼례식을 처가에서 올리고 신랑은 신방을 치른 뒤 신부를 친정에 두고 혼자 집에 갔다. 혼자 둔 신부를 신랑이 보러 오는 것을 재행再行이라고 한다. 신랑은 혼례 후 몇 차례의 재행 걸음을 한 뒤 신부가 신행을 갔다고 한다. 혼례식을 올린 뒤 달을 묵혀 신행을 하면 '달묵이'라 하고, 해를 묵혀 신행을 하면 '해묵이'라 한다. 해묵이를 하게 되면 자녀를 출산하여 자녀와 같이 시가媤家에 가는 경우도 있게 된다. 그러다보니 이렇게 신행길에 출산을 하는 경우까지 있었나 보다.

이야기에서 우리 조상들의 지혜가 느껴진다. 가마에다 요강을 실었고, 신부의 민망함을 미리 배려한 조치들을 보며 조상님들의 섬세함이 놀랍다. 그리고 여자가 친정에서 살다, 남편을 만나고 생면부지의 사람들과 즉시 함께 산다는 것은 무척 힘든 일이다. 집안 마다 문화가 다르고, 생각이 다르다. 우선 남편과 친숙해지는 시간, 부인네가 되어가는 적응기간을 거친 후에 가는 신행. 요즈음의 우리들이 조상들의 지혜를 배워야 함을 일깨워주는 이야기임이 확실하다. 경험으로 정착된 문제해결 방안이다.

김제시 진천마을의 전설

조선 순조 때였다. 김제시 진천(지금의 김제시 봉산면 진흥리 진천) 일대에 심한 가뭄이 들었다. 주민들은 제를 지내기도 했지만 비는 내리지 않고 곡식이 모두 말라 죽게 되었다. 사람들은 모두 하늘을 원망했다. 하지만 한 노인은 단지 하늘나라에 큰 경사가 있기 때문일 것이라며 사람들을 안심시켰다.

그러던 어느 날 밤 노인이 하늘에 기도를 드리다가 잠이 들었다. 그런데 천사가 머리맡에 서 있었다. 천사는 마을 사람들이 모두 마을 앞 연못에 나와 목욕을 하고 기도를 해야만 천신이 내려와 소원을 들어줄 것이라고 일러주었다. 그러나 노인의 말을 믿는 주민은 아무도 없었고 결국 연못 앞에는 다섯 명 밖에 나오지 않았다.

이들은 하늘에 비를 내려달라고 빌었다. 기도가 끝날 무렵 연못에서 섬광이 일며 못물이 하늘로 치솟았다. 그러더니 연못 옆의 큰 버드나무가 쓰러지며 세 토막이 났다. "너희들은 세 무리로 나눠어 각각 나무토막 하나씩을 찾아서 그 나무토막이 있는 곳에서 살도록 해라. 이 마을에 계속 살 수 있는 자는 노인의 말에 따른 다섯 사람뿐이니라" 하는 말이 하늘에서 울려 퍼졌다.

그래서 다섯 사람은 진천에서 살 수 있었다. 그 버드나무의 위 토막을 찾은 사람들은 상목上木마을에 가운데 토막을 찾은 사람들은 중목中木마을에, 밑 토막을 찾은 사람들은 하목下木마을에서 살게 되었다. 전라북도 김제시 봉산면 진흥리 주민들에게 전해지는 이야기다.

우리는 자신의 상식과 다르면 이상하다고 생각하고 쉽게 치워버린다. 곡식이 다 말라죽어가는 지경인데도 불구하고 천사가 꿈에 나타나 이른 말을 사람들은 믿지 못하였다. 그렇게 힘든 일도 아닌데 말이다.

이야기가 남아 아직도 전해지는 것은 우리네 조상님들이 간절함을 담아 우리에게 삶의 태도를 알려주는 것 같다. 하늘은 원망의 대상이 아니고, 무조건 우리의 요구를 들어주는 그런 대상도 아니다. 겸손함으로 그리고 믿음으로 우리가 존중하고 따라야 할 대상임을 말이다. 우리의 작은 그릇에 하늘을 담는 것이 아니라 우리가 그 하늘에 담겨야 함을 말이다. 그래야 문제를 바로 보고 해결할 수 있다는 가르침일 것이다.

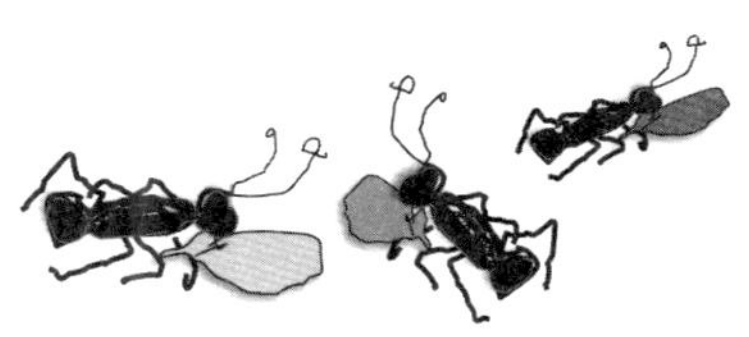

허수아비

전북 김제시 성덕면 대석리 안터마을의 동북 방향에 허수네 집터가 있다. 옛날 허수네 집터 주위에는 마을 당산나무와 막돌이 쌓여 있던 곳으로 이곳에 마을의 안녕을 빌기 위한 당산석이 세워졌고 당산나무도 심어져 있었던 곳이었다 한다. 그리고 예전에 쌓아 놓았던 돌무덤의 흔적과 규모가 굉장히 큰 무덤으로 말무덤을 볼 수 있다.

허수네 집터와 말 무덤은 1980년대에 논 경지정리가 이루어지면서 그 흔적들이 사라져 갔다. 허수네 집 동북편에는 '덕지'라는 연못이 있었다. 이 연못 주위의 논들은 덕지연못물을 이용하여 벼농사를 지었다. 벼가 익어가는 가을이 되면 연못주위의 논들에는 참새들이 많이 모여들었다.

허수 아버지는 매일 이 지역 자신의 논에서 참새들을 쫓게 되는데 넓은 지역이라 혼자 새를 쫓기가 무척 힘들었다. 어느 날 허수 아버지는 곰곰이 생각하다 자기의 모습을 닮은 형상을 논에다 만들어 세우게 된다. 이 형상을 세운 논에는 참새들이 날아들지 않자 대석마을 사람들은 저마다 허수 아버지를 닮은 형상을 만들어 논마다 세워 놓게 되었다. 그 뒤로 마을사람들은 이 모형을 허수 아버지의 형상이라 하여 '허수아비'라 칭하게 되었다. 해마다 곡식이 익어갈 때면 새들로부터 곡식을 지키기 위해 허수아비를 논에 세웠다는 이야기이다.

이른바 '허수아비' 탄생에 따른 설화이다. 그렇게 탄생된 허수아비가 전국에 퍼져나갔다는 것인데, 지금이라면 특허를 내고 돈을 톡톡히 챙겼어야만 될 그런 이야기다. 그래도 그는 자신의 아이디어로 이름을 세상에 남겼다. 사람은 죽어 이름을 남긴다는 말처럼.

우리는 자신이 삶에서 만나는 문제를 해결하며 살아간다. 또한 필요에 따라서 주위를 변화시키고, 기구를 발전시키고, 나아가 생각을 발전시키고 그렇게 살아왔음을 다시 말해준다. 지금도 우리 인류는 그렇게 발전하며 살고 있다. 하지만 새떼도 지금은 더욱 진화하여 허수아비를 무색하게도 하는 오늘날이지만, 그래도 여전히 전국의 논과 밭에는 다양한 허수아비들이 지킴이로서 살아있다. 허수의 아버지가 대석리 안터마을을 넘어 여전히 대한민국에서 살아있는 것이다.

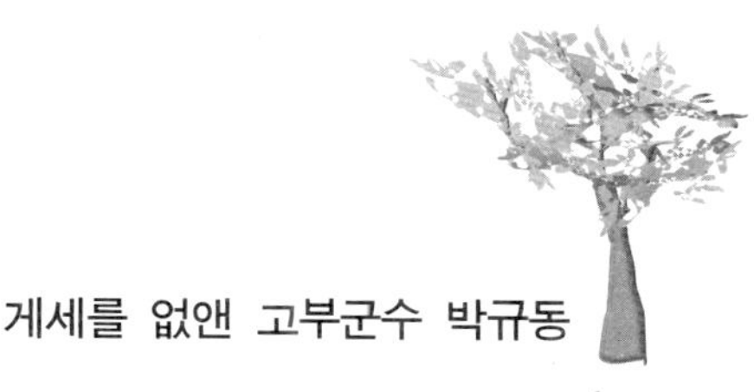

게세를 없앤 고부군수 박규동

우리는 늘 '변화'해야 한다고 얘기한다. 우리의 지도자들도 끊임없이 변화하라고, 변화해야 한다고 말한다. 하지만 '변화'란 그리 쉬운 일이 아니다. 정치 지도자들이야 말로 지도자가 되는 것은 자신의 사리사욕을 위해서가 아니라 백성을 위한 것이라는, 근원적인 변화를 해야 한다고 본다. 이런 것을 우리에게 깨우치는 이야기로 전라북도 정읍시 고부면에 전승되는 이야기가 있다.

조선시대 전북 고부군古阜郡 서부현(現 부안군 줄포면 일부)은 바다였다. 줄포茁浦일대가 조그마한 항구를 이루어 고깃배도 많이 드나들었다. 이곳에는 여러 가지 어종이 있었으나 특히 많이 생산되고 있는 것은 바다 게[蟹]였다.

그때만 해도 주민들의 생활상은 말할 수 없이 가난했다. 춘궁기, 보리가 익기 전에 청백죽을 쑤어 먹고, 쑥과 나물로 끼니를 흔히 넘기고 있었던 때다. 이곳의 어민과 농민들에게 바다에서 잡은 게는 팔기도 하고 끼니를 끓여 생계를 꾸려 가는데 큰 힘이 되는 고마운 존재였다.

이런 것을 알게 된 원님들은 세금의 일종으로서 게잡이에 대한 세금을 부과하기 시작하였다. 이것이 소위 '게세'라는 것이었다. 그리하여 가난한 어민과 농민들은 이미 각종 세금에 허덕이고 있었으니 게세를 없애줄 것을 건의했다. 하지만 이곳에 오는 원님마다 면세해 줄 생각을 아예 하지 않았으니 주민들의 원성은 대단했다.

그러던 중 임신년에 새로 부임한 고부군수 박규동朴奎東은 바닷물이 드나들지 못하도록 보를 쌓게 하고 이를 '게보'라 명하였으며 갯벌을 농토로 개간하여 농지로 사용하게 해 주었다. 그리고 오랫동안 주민들의 원성이 되었던 게세를 없애버렸다. 정말로 백성을 사랑하는 엄청난 용단이었다. 사람들은 한결같이 입을 모아 찬사를 보냈으며 기쁨의 눈물을 흘렸다.

그 후 이곳 주민들은 뜻이 높고 백성을 사랑하는 군수의 은혜에 보답하기 위하여 지성과 뜻을 모아 영세불망비永世不忘碑(고부면 관청리)를 세웠다. 이곳 주민들은 이곳 불망비를 한번만 쳐다보고 지나도 그날 행운이 있다고 전한다. 수십 년 전만 해도 해마다 오월이 되면 게를 제물로 하여 군수의 옛 은혜를 기리고 마을의 행운을 빌기 위해 제사를 지냈다고 한다.

한 지역의 군수가 군민들의 원망 대상인 세금을 없애는 결단을 하고, 시행했다는 것. 마치 우리 모두가 그럴 수 있다는 듯 가볍게 넘길 수도 있다. 하지만 우리들은 결단을 하고 변화를 시도하는 일에 두려움을 갖고 있다. 변화는 안전지대를 위협하는 일로 여기기 때문이다. 변화란 고여 있는 물을 휘젓는 일로 느끼기 때문이며, 고여 있는 물을 안전지대로 여기는 그런 우리의 잘못 된 사고 때문이다.

얼마나 힘들었던 사람들이기에 그의 얘기를 지금도 전하겠는가. 고부군수 박규동은 아직도 살아서 우리 모두에게 '변화'가 무엇인지 그리고 그 영향력에 대해 알려주고 있다. '영세불망비'를 세운 조상님들의 지혜에 우리의 선대 분들께 그 뜻을 이해한다는 마음과 감사의 마음을 전한다.

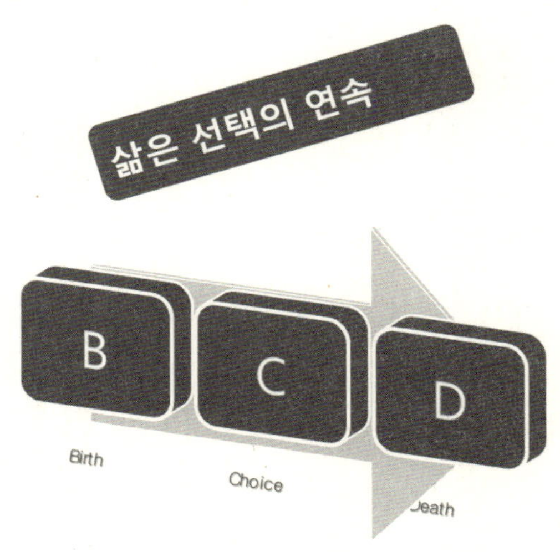

부모와 자식

부모와 자식의 관계,
존재를 결정짓는 그런 기본적인 관계이다.
하지만 예전의 부모 자식 간의 관계는
지금과는 사뭇 달랐던 것 같다.
전해오는 얘기들이 맹목적인 듯해 보이는 효심도 보여주고, 자식에 대한 헌신도 보여 준다.
모든 가치 기준에서 효孝란 최우선적인 가치였었다.
하지만 지금은 어떤 것이 중요한 가치일까.
참으로 혼란스러운 시절이다.
그런 오늘날의 우리,
너무나 삶이 길어진 시대,
어떤 생각을 해야 하는지 생각해 보았으면 한다.

까막샘 설화

아주 오랜 옛날에 김제 황산의 한 골짜기에 어머니와 아들이 살고 있었다. 그런데 이 아들은 일곱 살 때 까치 알을 꺼내려고 나무에 올라갔다가 떨어졌다. 그 후로 벙어리에 귀머거리, 거기다 정신마저 흐릿한 사람이 되고 말았다. 이 일로 어머니는 가슴앓이를 하면서 용하다는 의원마다 다 찾아다녔지만 아무 효험도 보지 못해 아들은 나아지지가 않았다.

모든 것을 자신의 탓으로 돌리면서 어머니는 날마다 장독대에 정화수를 떠놓고 비가 오나 눈이 오나 빌고 또 빌었다. 그러나 천 날을 빌고 빌어도 아들은 조금도 달라지지 않았다. 그러던 어느 눈보라가 몰아치는 날, 어머니는 장독대 앞에 꿇어앉아 빌고 있다가 그만 몸이 꽁꽁 얼어붙고 말았다. 머리에 눈도 수북이 쌓이고 손발은 꽁꽁 얼어붙었지만 어머니는 빌고 빌다가 마침내 그 자리에 쓰러지고 말았다. 그때였다. "일어나라. 네 정성이 하도 지극하여 내 너를 도우러 왔다."고 하는 할아버지의 음성이 들려왔다. 놀란 어머니가 "뉘신지요?" 하고 묻자 "나는 황산에 사는 산신령이니라. 내일 아침 너희 논 너럭바위에 가 보아라. 그러면 거기에 까막까치가 웅덩이를 하나 파 놓았을 것이다. 그 물을 떠다가 먹이면 아들의 병이 다 나을 것이니라."라는 말이 들렸다. 어머니는 산신령님을 외쳐 부르다가 겨우 자리를 털고 일어났다.

먼동이 트자 어머니는 서둘러 아들 손을 잡고 논으로 달려갔다. 지친 몸이었으나 어디에서 그런 힘이 솟아났는지 날개라도 단 듯이 달려갔다. 눈길을 헤치고 산신령이 말했던 너럭바위까지 달려간 어머니는 소스라치게 놀랐다. 산신령이 말한 그곳에 정말 웅덩이가 있었던 것이다. 어머니와 아들이 너럭바위에 도착하자 까막까치가 날아가는 것이 보였다. 그리하여 산신령의 은혜에 백 번, 천 번 감사하면서 어머니는 웅덩이의 물을 아들에게 정성스럽게 떠서 먹였다.

그러자 정말 꿈같은 일이 벌어졌다. 벙어리, 귀머거리, 칠푼이였던 아들이 말짱한 사람이 된 것이다.

건강을 되찾은 아들과 어머니는 행복하게 서로를 위해 주면서 웅덩이 물이 더렵혀지지 않도록 정성껏 보살피는 일도 아끼지 않았다. 웅덩이 물이 병을 고쳤다는 소문이 날개를 달고 방방곡곡으로 퍼져 나가자 수많은 사람들이 몰려들었다. 벙어리, 귀머거리, 절름발이, 문둥이, 앉은뱅이 등등 병을 고치려고 하는 사람들이 구름처럼 몰려들었던 것이다. 어머니는 까막까치가 판 웅덩이 물을 많은 사람들에게 골고루 나누어 주었다.

물을 마신 사람들은 웅덩이 물의 약효를 얻어서 병이 낫고 기쁜 얼굴로 돌아갔다. 그런데 놀라운 사실은 상을 당하거나 혹은 비린 생선이나 개고기 같은 것을 먹은 사람이 이 샘물을 마시려고 하면 갑자기 지렁이나 죽은 미꾸라지가 나타나서 마실 수가 없었다. 그 후 사람들은 이 웅덩이를 까막까치가 팠다고 해서 '까막샘'이라고 부르기도 하고 황산에 있다고 해서 '황산약수'라고 부르기도 했으나, 지금은 관리하는 사람이 없어서인지 약효가 없는 평범한 우물로 변해 버렸다고 한다.

전라북도 김제시 신풍동 주민들에게 전해지는 이야기이다. 어머니의 지극한 정성이 산신령을 감동시켜 아들의 병도 고치고 또 수많은 사람들의 병도 고쳤다고 하는 이 이야기는 또한 까막샘이 생긴 유래를 담은 지명유래담이기도 하다. 까막샘은 해발 143m의 황산에 있는 샘이다. 신풍동 주변은 물론이고 김제 전역에서 유명한 샘이었다고 한다.

자식에 대한 어머니의 사랑, 비가 오든 눈이 오든 그 어떤 상황도 어머니의 기도를 멈추게 하지 못했다. 아들의 병을 고치겠다는 목적의식만이 아마 어머니의 존재 이유였던 것 같다. 그리고 믿음이었을 것이다. 나을 것이라는 한결같은 그 마음이 산신령을 감동시켰다. 자신의 힘으로 할 것이 없을 때, 무엇을 해야 할지 모를 때, 그녀는 기도로 자신의 믿음을 키운 것이다. 사람이 무엇을 해야 할지 모를 때 우리의 자세가 이래야 함을 알려주는 것 같다. 또한 믿음을 키우는 것도 이런 것임을 알려준다.

어머니는 점점 강해지는 믿음으로 커다란 힘, 산신령

의 능력과 하나가 되었다. 그래서 아들을 고칠 수가 있었다. 자신의 한계, 인간의 한계를 깨뜨린 것이다. 자신과 하나 된 힘의 결과를 모든 사람과 나누면서 다른 사람들도 병이라는 한계를 넘을 수 있음을 믿고 느끼게 했다. 아들을 사랑하는 마음으로 사랑의 힘과 하나가 된 어머니는 감사를 통해 사랑의 힘을 나누었다. 그렇게 까막샘은 많은 사람에게 사랑의 힘을 느끼게 했다.

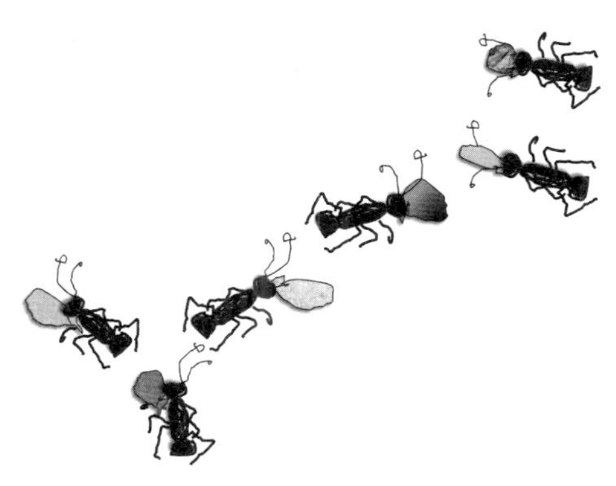

별바위 설화

전라북도 고창군 신림면 도림리 주민들에게 전승되는 안타까운 이야기가 있다.

방장산 기슭에 가면 용추골이라는 마을이 있다. 아득한 옛날 이 조그마한 마을에 홀어머니를 모시고 사는 오누이가 있었다. 집이 몹시 가난하여 매일 감자에다 산나물만 해서 끼니를 때웠다. 그런데다가 어머니마저 병으로 앓아누웠으나 도무지 무슨 병인지 알 수가 없었다.

오누이는 매일 어머니의 얼굴만 바라보며 눈물을 흘렸다. 동네 사람들도 크게 걱정을 했지만 무슨 뾰족한 수가 없었다. 그런데, 어느 날 머리가 하얀 노인 한 분이 이 마을을 지나게 되었다. 노인은 오누이의 딱한 사정을 전해 듣고 어머니의 병환을 고쳐주려고 서른세 가지의 약초를 가르쳐 주었다. 이 말을 들은 오누이는 해가 뜨기도 전에 약초를 캐러 나섰다. 워낙 가지 수가 많아서 약초 서른세 가지를 하루에 다 캐기는 힘이 들기 때문이었다.

해가 질 때까지 그들은 한 가지만을 빼놓고 다른 것은 다 캐냈다. 하지만 날이 너무도 어두워져 오누이는 내일 다시 캐기로 하고 집으로 돌아왔다. "오빠, 이제 모연실만 캐내면 서른세 가지가 되는 거지?"하며 남매는 다음날 아침 일찍 산에 오르기로 했다.

"모연실은 아주 높은 바위에 있단다."하고 말씀하신 노인의 말씀을 생각하며 다음날 아침 오누이는 열심히 모연실을 찾았다. "오빠! 저기 좀 봐!" 하는 소리에 놀라 쳐다보니 그곳에 과연 모연실이 돋아나 있었다.

오누이는 기뻐서 어쩔 줄 몰랐다. 하지만 그것은 너무도 높은 바위틈이 아닌가? 오누이는 날카롭고 험한 바위를 조심조심 디디며 올라갔다. 잘못하여 바위에서 구르기라도 하면 영락없이 죽게 되는 위험을 무릅쓰고, 모연실에 다가가서 손을 내밀어 따려고 할 때였다. 누이동생이 실망하여 "이건 모연실이 아닌데" "뭐라고?"하는 사이에 돌이 굴러 오누이는 바위에서 떨어지고 말았다.

어머니는 밤이 늦도록 돌아오지 않는 오누이를 기다리다 날이 밝은 후에야 바위에서 굴러 떨어져 죽었다는 소식을 들었다. 어머니는 미친 듯이 벼랑으로 달려가 보았으나 사랑하는 남매의 얼굴이 온통 긁힌 채 쓰러져 있지 않은가. 어머니는 자식의 몸에 엎드려 한없이 울고 있었는데 어디선가 가느다랗게 어머니를 부르는 소리가 들려왔다. 죽은 줄 알았던 아들의 목소리였다.

그러나 누이동생은 영영 살아나지 않았다. 어머니와 아들이 서로를 부축하며 산을 내려올 때 모연실 비슷한 풀을 보고는 꺾어 가지고 내려왔다. 그것으로 약을 달여 먹으니 어머니의 병이 깨끗이 낫게 되었다. 그리고 아들은 건강하고 훌륭히 자랐다. 하지만 어린 딸을 생각하는 어머니는 매일 딸이 떨어진 바위를 바라보며 울었다.

그 뒤부터 그 바위는 별같이 보였다. 어머니의 병을 고치려던 고운 마음을 가진 딸, 별님으로 다시 태어나 이곳을 지나가는 나그네들에게 새까만 바위를 환하게 비쳐주어 잘 지나갈 수 있게 해주었다고 한다. 그 후 이 동네 사람들은 이 바위를 별 바위라고 불러오고 있다고 전한다.

우리는 이렇게 효심으로 자신의 목숨까지 던져 부모를 구하는 자식들에 관한 옛 이야기를 종종 만난다. 과연 이것이 선善이고 효孝일까? 자신의 목숨을 살리고 간 자식에 대한 부모의 마음이 어떠할까? 항상 의구심이 생긴다. 하지만 이런 이야기는 우리를 때로는 어리석게 생각하게 하고 또 바보 천치로 만들기도 한다. 마치 분별능력이 전혀 없는 사람처럼 말이다.

오누이는 왜 그리 맹목적이었을까? 원하는 것을 억지로 자신의 행동으로 얻으려 말고, 자신이 갖게 될 것임을 믿어야 하지 않았을까. 그것을 "어머니와 아들이 서로를 부축하며 산을 내려올 때 모연실 비슷한 풀을 보고는 꺾어 가지고 내려왔다. 그것으로 약을 달여 먹으니 어머니의 병이 깨끗이 낫게 되었다."라는 이야기로 입증하고 있다. "꼭 모연실을 캐어야 해" 대신에

"반드시 모연실을 갖게 될 것이다."라는 믿음으로 주변도 살피고 자신의 안전도 생각했어야 했다.

하지만 일반적으로 우리가 절절한 마음으로 '꼭' 되어야 한다는 생각을 하게 되면 그것이 아니면 전혀 방법이 없다는 것에 시각이 고정된다. 제대로 생각도 되어지지 않는다. 우리의 인지능력이 왜곡되고 위축되기 때문이다. 이 이야기는 우리에게 이런 어리석음을 경계하며, 원하는 결과를 만들 수 있는 자신과 그런 자신을 돕는 세상에 대한 믿음을 일깨워주는 이야기로 들린다. 항상 기적은 우리 옆에 있고 우리가 기적을 만드는 주인공임을 다시 확인해 본다.

뱀내골 달래의 효심

전라북도 고창군 성송면星松面 괴치리 사천마을 뱀내[사천(蛇川)]골에는 먼 옛날부터 이러한 이야기가 전해 내려오고 있다.

이 마을에는 늙고 병든 아버지와 이제 열두 살밖에 되지 않은 달래라는 딸이 살고 있었다. 소녀의 늙은 아버지는 원인 모를 무서운 병에 걸려 앓고 있었다. 어린 소녀 달래는 병든 아버지를 봉양하기 위해 마을을 돌아다니며 여러 가지 궂은일을 마다하지 않고 했다. 하지만 아버지는 좀체 낫지 않았다. 억척스런 달래의 효심을 알게 된 마을 사람들은 가여워하며 함께 걱정을 해 주었다. 그럼에도 달래의 아버지는 음식도 제대로 넘기지 못하고 죽을 날만 기다리는 안타까운 신세가 되었다.

달래는 이른 새벽마다 마을 위에 있는 절에 가서 "부처님, 우리 아버지의 병을 낫게 해 주세요."하고 두 손을 모아 불공을 드렸다. 이러한 달래를 보고 마을 사람들은 보기 드문 효녀라고 칭찬을 아끼지 않았다.

그러던 어느 날 밤이었다. 아버지의 땀을 식혀 드리려고 부채질을 하고 있었는데 갑자기 수염이 하얀 노인이 나타났다. 기다란 지팡이를 짚고 선 그 노인은 조용히 말했다.

"애 달래야! 너의 아버지 병은 좋은 약을 써도 소용이 없느니라." 그러자 달래는 "아니, 그런데 할아버지께서는 누구세요?"하고 물었다. 할아버지는 달래의 말에는 대꾸도 하지 않고 엷은 미소를 띠며 말했다.

"만일 내가 알려 준 대로 하지 않으면 너의 아버지는 영영 살지 못할 것이니라, 지금 당장 윗마을 냇가 버드나무 밑을 파고 그곳에 있는 뱀 알을 주어다 아버지께 끓여 먹이도록 하거라." 그러고는 그 하얀 노인은 연기처럼 사라졌다. 달래가 부채질을 하다가 그만 깜빡 졸았던 것이다.

달래의 아버지는 계속 땀을 흘리며 마치 죽은 사람처럼 눈을 감고 있었다. 달래는 정신을 가다듬고 방금 알려 준 할아버지의 말대로 어둠을 헤치고 일어섰다. 괭이와 바구니를 들고 윗마을 냇가를 찾아갔다. 냇가에는 금방이라도 귀신이 나올듯한 상여 집이 있었다. 그리고 그 둘레에는 도깨비 불 같은 것이 무수히 날아다니고 있었다. 달래는 몸이 떨리고 오금이 저렸지만 무서움을 참고 조심스럽게 그곳을 지나갔다. 냇가에는 여름 밤바람에 버드나무 잎들이 곱게 한들거리고 있었다. 달래는 버드나무 밑을 조심스럽게 파기 시작했다.

"과연 이곳에 뱀 알이 있을까?" 하면서도 달래는 아버지를 살리겠다는 일념으로 괭이를 움직였다. 얼마나 팠을까 난데없이 뱀들이 꿈틀거리더니 마구 쏟아져 나왔다. 달래는 그만 무서움에 깜박 정신을 잃고 말았다. 얼마 후에 정신을 차려보니 달래의 발밑에는 새하얀 뱀 알들이 놓여 있었다. 달래는 조심스레 뱀 알을 바구니에 주워 담았다. 달래는 그 길로 달려와 뱀 알을 끓여서 아버지께 드렸다. 아니나 다를까 신통하게도 아버지의 병은 씻은 듯이 나았다.

달래의 갸륵한 효심에 감동한 신령이 나타나 달래의 아버지를 살린 것이 분명했다. 그러나 이를 어찌하랴, 날이 새자 그날부터 냇가에는 온통 뱀으로 가득 찼다. 달래가 파 놓은 버드나무 밑에서 나온 뱀들이 냇물을 휘 젓고 다니는 것이었다. 그날 저녁 달래는 꿈을 꾸었다. 아버지를 모시고 절에 가고 있었는데 뜻밖에 커다란 구렁이가 길을 가로 막았다. "아가씨 고맙습니다. 우리 식구들이 굶어서 죽을 뻔했는데 아가씨 덕분에 살게 되었습니다. 고맙습니다." 꾸벅 절을 하며 구렁이가 고마워했다. 꿈을 깬 달래는 아버지께 꿈 이야기를 해 드렸더니 아버지도 같은 꿈을 꾸었다는 것이다. 그 뒤로 달래와 아버지는 행복하게 살았다고 한다.

이때부터 이 냇물을 '뱀내'라 불렀다고 전해진다. 그리고 이 냇물을 마시면 병이 낫는다 하여 요즈음도 이 냇물을 마시기 위해 찾아오는 사람이 있단다. 지금은 그 버드나무 자리가 자그만 뜰로 변해 버렸고 새마을 사업으로 그 옛날의 뱀내 물길은 이제 겨우 실내천의 자취만으로 남아있을 뿐이다.

'갸륵한 효심'은 우리네의 아름다운 미담이었다. 그것은 부모를 '낳아주고, 길러준' 은혜를 베푼 존재로

보는 시각이었기 때문이다. 부모가 없다면 존재 자체가 불가능한 것을 모두가 충분히 알았기 때문이다. 그러나 오늘날의 시각은 스스로 존재감을 잘 느끼지 못하는 때문인지 낳아주고 길러주는 것만으로는 성에 차지를 않아하는 듯하다. 심지어는 남들과 비교하며 부모가 해주는 것에서 결핍감을 느끼고 원망을 하기도 한다.

예전의 우리에게는 인륜의 근본으로 여겨졌던 부모의 은혜, 그에 보답하는 효가 자식된 도리라고 알았다. 그러나 지금은 어른이 되어 일가를 이루고도 그 부모가 A/S를 해야 한다는 일부의 왜곡된 시각도 있다. 참으로 오늘날의 안타까운 현실이다. 그러니 지금의 사회 문화적 배경에서 옛 효행담은 단지 아름다웠던 이야기로만 전해진다고 본다. 하지만 우리 각자의 존재는 낳아주고 길러준 부모가 있었기 때문임을 이야기는 챙겨들게 한다.

또한 효를 넘어 이 이야기에서 우리가 깨달아야 하는 것이 있다.

"구하라 그러면 너희에게 주실 것이요 찾으라 그러면

찾을 것이요 문을 두드리라 그러면 너희에게 열릴 것이니 구하는 이마다 얻을 것이요 찾는 이가 찾을 것이요 두드리는 이에게 열릴 것이니라"

성경 마태복음 7장 7~8절의 말씀이다. 종교를 떠나 좋은 말 또는 진리를 받아들이는 것이 얼마나 중요한지를 달래가 깨우쳐 준다. 그녀는 구했고 자신에게 주어진 대로 행동했다. 그래서 아버지를 구할 방법을 찾는 자로서, 방법을 찾아내 문제를 해결했다. 요즈음 사람들은 구하면서도 자신을 비우지 않았기 때문에, 누군가 자신에게 유리한 말이나, 자신이 원하는 것을 알려주어도 받아들이지를 못한다. 받아들이지를 않는 것이 아니라 마음이 온통 뒤죽박죽 무엇인가로 가득 채워져 있기 때문에 들어갈 자리가 없는 것이다.

우리는 구하기 이전에 자신을 비워야 하고, 구하는 것을 명확하게 인식해야 한다. 그리고 행동에 옮겨야 한다. 바로 달래처럼 말이다. 한밤중 상여집도 뱀들에 대한 두려움도 넘어, 자신이 해낼 수 있다는 믿음을 가진 12살 소녀 달래. 세월을 넘어 우리에게 아픈 깨달음을 준다.

홀어미다리

옛날 청도원 마을에 한 과부댁이 살고 있었다. 살림이 넉넉한 것도 아니었지만 여자 혼자 몸으로 남매를 키운 후 모두 출가시켰다. 그런 그녀를 동네 사람들은 여장부라 했다. 그러나 과부댁은 자녀를 다 출가시킨 후, 나이가 점점 많아질수록 삶의 허망함이 느껴졌다. 홀로 쓸쓸한 나날을 보내고 있던 어느 날, 밭에 씨앗을 뿌리러 가던 중이었다. 과부댁은 어릴 적 한 동네 살았던 사내를 만나게 되었다.

둘은 오랜만에 만나 터라 반갑게 이야기를 나누었다. 그러다가 사내도 홀아비라는 사실을 알게 되었고 그 후부터 둘은 사람들의 눈을 피해 서로 정을 나누는 사이가 되었다. 그 홀아비는 개울 건너 언덕바지에 집을 짓고 혼자 살고 있었기 때문에 과수댁이 그를 만나러 가려면 개울을 건너야만 했다.

매일같이 밤이면 집을 나갔다가 새벽녘에 돌아오는 어머니의 행실을 수상하게 여긴 아들은 어느 날 밤 어머니의 뒤를 미행하여 비로소 모든 것을 알게 되었다. 그러나 아들은 어머니가 자식들을 위해 고생해 온 세월을 생각하며 평소늘 마음이 아팠었다. 그는 이런 어머니에게 밤을 같이 보낼 정인情人이 생겼음에 다행이라 여겼다.

아들은 그 사실을 혼자만 간직하고 모르는 채 덮어주고자 하였다. 그러나 밤마다 개울을 건너느라 젖은 옷을 말리는 어머니의 고생스러움이 측은하게 생각되어 아들은 개울에 징검다리를 놓기로 하였다. 후에 이 사실을 알게 된 동네 사람들은 아들의 효성을 칭찬하며 그 다리를 홀어미 다리라 부르게 되었다고 전라북도 김제시 금산면 청도리 주민들 사이에 전해지고 있다.

이 이야기처럼 홀어머니가 뒤늦게 남자친구를 만들고, 눈을 피해 밤마다 개울을 건너는 이야기가 곳

곳의 마을에 전해지고 있다. 그리고 이야기 속 홀어머니의 자식들은 그런 어머니를 위해 징검다리를 놓았다. 그저 어머니의 평안만을 생각했다.

하지만 요즈음은 홀로 된 부모의 재혼 문제를 용납하지 못하는 이미 다 커서 일가를 이룬 자식들의 이야기가 심심치 않게 들린다. "다 늙었는데"라는 말로 그들은 일축한다. 다 늙었어도 사람은 다 같다. 더욱 바쁨에서 벗어나 한적함을 즐길 나이가 되면, 한적함은 즐길 대상이 아니라 그들에게 고역인 것 같다. 동네 한 할머니가 물어보신다. "나, 언제 데려갈까?" 그녀는 삶이 너무 지루하시다고 한다. 같이 놀아줄 사람도 없고, 자신이 방에 있으면서 방문을 열어두면 어느새 문을 누군가가 닫는다고 한다. 방에 있으면 갑갑해 감옥에 있는 것 같다는 90 중반 할머니의 한탄이었다. 이미 사회에서는 제외된 삶이나, 물리적으로 제외되지 못한 안타까움이다.

이 이야기를 정리하며 십 년 전에 들은 후배의 이야기가 생각난다. 지방에 홀로 계시던 아버지가 동네에서 할머니를 한 분 만나 정분이 나셨단다. 할머니가 홀로인 할아버지 집에 가끔 머무신다고 했다. 할아버지는 자식들에게 같이 살테니 호적에 할머니를 올리자고 요청하셨단다. 자신이 먼저 죽으면 자신의 연금이 할머니에게 가게 하려는 배려를 하고 싶다고 했단다. 하지만 딸들의 맹렬한 반대로, 거의 동거 생활을 하셔도 부부는 되지 못했다. 결국 할머니와 같이한 생활은 5년 정도 되었고, 그 할아버지는 할머니의 보살핌 속에서 몇 년 전에 세상을 떠나셨다. 무엇이 중요한지 모르는 자식들은 분별 기준을 갖지 못했다. 이전의 가치관이 붕괴된 것에서 시작된 안타까운 사연이라고 본다.

흥덕원興德員 참견

전라북도 고창에 사는 맹영감, 천석군 부자로 세상에 부러울 것이 없었다. 그러나 딱 한 가지 걱정이 있었으니 그것은 똑똑치 못한 외아들에 대한 근심이었다. 장가를 들였어도 철딱서니가 한 푼어치도 없는 자식으로 이름이 용출이었다. 용출이는 부처님께 불공을 드려서 낳은 외아들이었다. 맹영감은 용출이 걱정에 뜬눈으로 밤을 지새울 때가 많았다. 어느 날도 변변치 못한 아들 때문에 이 걱정 저 생각으로 잠을 이루지 못한 채 뒤척이며 중얼거리는 남편을 보고 아내가 "영감 원 별 걱정도 다 하시는구려, 용출이가 어때서 그러우." "이 늙은아, 입이나 닥치고 있어. 나 죽은 다음에 이 많은 재산을 용출이 녀석이 제대로 지닐 것 같아, 한 해도 못가서 다 탕진해 버릴텐데."

그러던 어느 날 서울에서도 유명하다는 사주장이가 왔다. 용출이의 사주를 보았는데 그 사주장이가 "영감님 댁의 아드님 사주가 궁상으로 나옵니다. 영감이 세상을 뜨고 나면 한 해 안에 재산을 탕진하고, 십 년 고생 후에야 다시 복이 트일 것입니다."하였다. 이러한 사주장이의 말을 반신반의하면서도 맹영감은 낙심이 되지 않을 수 없었다. 더구나 나중에 들으니 그 사주장이가 이웃 집 박첨지네 외아들 원실이는 장차 부귀영화를 누리겠다고 하였다니 더욱 복통이 터질 일이었다.

그날도 여느 날처럼 맹영감은 사주장이의 말을 생각하며 수심에 쌓였는데 그 아내가 "여보 영감, 박첨지네가 무슨 재산이 있다구 그 아들이 부귀영화를 누리겠소?" "그래 아무것도 없는 원실이에게 부귀영화 사주란 개발에 버선을 신기는 격이지… 사주가 아깝군 그래." 그런데 아내는 무슨 생각이 떠올랐는지 영감 귀에다 대고 무엇인지 소곤거렸다. 아내의 말을 듣고 난 맹영감은 감탄하면서 당신이 나보다 낫다고 아내를 추켜올렸다.

다음 날 맹영감은 사주팔자를 잘 타고 났다는 이웃집 원실이를 찾아갔다.

“여보게 원실이, 자넨 사주가 좋다지단 밑천이 있어야 부귀를 누리지 않겠는가? 내가 밑천을 대줄테니 사업을 한번 해보소.”

“아니 정말이십니까?”

“그럼 정말이지. 그냥 갖다 쓰고 후에 부자가 되면 본전만 갚게나.”

“아 아니 무슨 말씀이십니까! 원금은 물론 이자도 제대로 치러야지요.”

“아니지, 내가 자네에게 돈을 댄다는 것은 우리 용출이가 하도 세상 물정을 모르니까 자네가 성공한 후 용출이가 고생하고 허덕이게 되면 용출이에게 본전만 돌려주면 되네.”

“그건 염려 마십시오. 제가 잘 살게 되는 날엔 본전뿐이겠습니까. 용출이가 잘 살게 도와주고말고요.”

다음 날 맹영감은 원실이와의 약속을 문서로 작성한 다음 돈 천 냥을 내주었다. 원실이는 그 돈을 잘 이용해서 날마다 재산이 늘어나 큰 부자가 되었다. 맹영감은 어느 날 자신의 임종이 가까워 온 것을 예감하고 며느리를 불렀다.

“애 아가, 네가 시집올 때 가져온 양단 저고리를 보고 싶구나."

며느리는 시아버지가 이젠 망령이라도 난 것이 아닐까 생각하며 양단 저고리를 찾아가지고 시아버지에게 갖다 드렸다.

맹영감은 양단 저고리를 받아 두었다가 며칠 후 다시 며느리를 불러서 돌려주며 "얘야, 저고리가 참 좋구나. 아끼는 옷은 죽을 때까지 소중히 간직하는 법이다. 그런데 말이다. 너희들이 살다가 혹 생활이 어려워지더라도 이 양단 저고리의 동정만은 꼭 지녀야 한다. 알았지! 이 동정 말이야, 이거!" 이런 유언을 남기고 맹영감은 얼마 안 가서 죽고 말았다.

용출이는 많은 재산을 물려받았으나 그는 순진하고 착하기만 했지 세상 물정을 모르는지라 많은 잡배들이 용출이를 등쳐먹으려고 달려들었다. 남의 말을 듣고 광산을 사서 파다보면 노다지는커녕, 논문서 밭문서가 날아갔다. 중선을 꾸며 고기잡이를 보내면 품삯 조차도 안 나오고, 마침내는 풍랑으로 파선 당하고 말았다. 용출이의 팔자가 그렇다곤 하지만 너무나 빨리 그 많은 유산을 탕진하고 끼니를 이을 수가 없게 되었다. 한 끼니 두 끼니 굶다 보니 하는 수없이 아내가 시집올 때 가져온 양단 저고리마저 팔아야 했다. 그런데 저고리를 팔려고 하자 용출이 처는 시아버지께서 하신 말씀이 생각나 동정만이라도 뜯어 놓으려고 하니 용출이가 그까짓 동정은 뜯어 놔 무엇 하겠냐며 말렸다.

그러나 시아버지가 "이 동정 이 동정"하고 강조하시던 말씀이 생생히 떠올라 아내는 동정을 바탁 뜯었다. 그러자 동정에서 글이 적힌 종이 하나가 나왔다. '이것이 무슨 문서일까?'하고 살펴보니 그것은 원실이에게 빌려준 천 냥짜리 채권증서였다. "이게 웬 떡이냐! 혹시 잘못 본 것이 아닐까" 하고 등잔불 심지를 돋우고 등잔불에 바짝 대고 보다가 그만 문서 끝의 서명 날인한 부분에 불이 붙어 타버렸다.

"이게 무슨 팔자소관일까?" 부부는 실망에 복받쳐 울었다. 그러나 '원실이에게 채권 이야기를 하면 잡아떼기야 할까 돌려주겠지' 생각했다. 용출이는 날이 밝기를 기다려 원실에게 달려가 아버지에게서 빌려간 돈을 돌려주어야겠다고 했다.

"뭐라고! 무슨 소릴 하는 거야? 내가 자네 아버지의 돈을 썼다고? 예끼, 미친 사람 같으니 무슨 헛소리를 하고 있어."

용출이는 하는 수 없이 고을 원님에게 소지를 올렸다. 그러나 아무 증거가 없다고 하여 허사가 되고 말았다. 용출이는 하도 원통해서 이번에는 이웃 고을인 홍덕(지금의 고창군 홍덕면으로 전에는 독립된 현, 군이었음)원님에게 소지를 냈다.

홍덕원은 소지의 내용을 상세히 검토하고 나서 생각하기를 맹영감이 그런 수법을 꾸며 며느리에게 유인한 것은 용출이가 갖은 고생을 겪고 난 다음에야 세상 물정을 알아 비로소 재산을 지킬 수 있다고 생각하고, 원실이에게 빌려준 돈을 미리 찾아 쓰지 못하도록 숨기기 위해서 그랬다고 여겼다.

또 용출이는 순진하고 정직한 사람인데 그런 용출이가 똑똑하고 약아 빠진 원실이를 등쳐먹겠다고 채권 증서 일부가 타 버렸다고 허위 사실을 꾸밀 위인이 아니라는 점, 또 원실이가 한 푼도 없던 놈이 그 때부터 큰 장사를 시작한 일 등으로 미루어 보아 소지 내용이 사실이라고 믿고 원실이를 심문하기 시작했다.

"이놈 네가 그때 돈 한 푼 없는 처지에 그 큰돈을 가지고 장사를 시작했으니 필시 사람을 죽이고 돈을 빼앗았거나 국고를 털었거나 하였을 것이니 돈의 출처를 바른대로 대지 않으면 죽음을 면하지 못하리라." 원실은 돈의 출처를 댈 어떤 근거가 없었다.

잘못했다가는 살인강도로 몰릴 수도 있으리라고 생각하여 할 수 없이 용출이 선친으로부터 돈 천 냥을 빌린 사실을 자백하고 말았다. 그리고 원실은 돈 천 냥을 용출에게 갚았다. 그런데 이런 홍덕원의 판결은 사실을 제대로 밝힌 명 판결이었으나 제 고을이 아닌 이웃 고을의 일을 홍덕원이 주제넘게 간섭할 수 있느냐 하는 문제가 제기 되었다. 그때부터 이 고을 사람들은 아무 상관없이 남의 일에 간섭하는 것을 보고 '홍덕원 참견'이라고 말한다.

용출이의 형편이 하도 딱하여 옆의 고을에서 나섰나보다. 재산을 잃고 끼니를 걱정하면서 세상사는 방법을 어느 정도 익힌 용출, 삶의 기술을 배우는 수업료가 참 크다 하겠다. 그 아버지의 안타까움이 이 이야기를 읽는 우리의 마음을 흔들며 부모의 자식 사랑을 전한다. 한편 삶의 기술은 스스로 경험하며 배우는 것임도 일깨운다.

요즈음 부모들이 용출과 같은 자식을 위하여 안전지대를 확보해 두려고 애쓰는 경우를 종종 보게 된다. 하지만 안전지대란 있을 수가 없을 것이다. 삶을 사는 방법을 스스로 깨치고 배울 수 있도록 경험할 수 있는 기회를 주어야 한다. 어쩌다 사람에게서 보호를 받으며 먹이를 받아먹는 습관이 들은 야생동물은 자신의 고향인 자연으로 돌아갈 수가 없다. 먹이를 마련할 방법을 모르기 때문이다. 사람이 야생동물이 아니라도 먹이를 스스로 만들어내고 먹을 수 있는 그런 사람으로 성장해야 한다. 어른으로 성장할 기회를 부모가 자식들에게서 빼앗으면 안 된다고 본다. 평생 먹이를 제때에 적절히 제공할 수 있다 치더라도 말이다. 생산성이 있는 존재라는 느낌이 살아있음에 대한 느낌이다. 그리고 그러한 느낌으로 우리는 자신감과 자긍심을 향해 나아갈 수 있다. 먹이를 얻어먹는 의존적인 존재가 느끼기 쉬운 것이 실존적 공허감이라고 본다.

또한 도시에서는 아파트라는 새로운 건물구조의 바로 옆집에 살면서도 사실 잘 모르는 경우가 허다하다. 아직도 정겨운 우리네 시골은 대문을 열어 놓고 사는 경우가 허다하다. 그 집에 누가 들고 나는지, 숟가락 숫자까지 아는 정도로 서로 상황과 환경을 파악하고 살기도 한다. 남의 일에 대한 관심과 참견의 적정선이 어디일지, 이것은 각자의 가치관에 의해 결정될 것이다. 살면서 그에 대한 적정선을 설정하는 것, 각자의 몫이리라.

슬기로운 아버지

오늘날의 부모들에게 지혜를 알려주는 이야기로 전라북도 정읍시 칠보면에 전해지는 이야기가 있다.

조선시대 정읍시 칠보면七寶面 시산리詩山里 삼리三里마을에 권임성權任聖이라 하는 분이 살았다. 평소 인성이 맑고 학덕도 높아 사람들의 존경을 받고 있는 분이었다. 게다가 양반으로서의 품격을 갖추었을 뿐만 아니라 경제적으로도 충분한 여유가 있어 부러울 것이 없는 가정을 이루고 살고 있었다. 그런 그에게 한 가지 근심이 있었으니, 그것은 아들이 공부를 전혀 안 하는 것이었다. 학문에는 전혀 뜻을 두지 아니하고 날마다 산으로 들로 놀러만 다니는 아들을 두었던 것이다. 아들의 이름은 권덕재權德載였다. 자字는 경흥敬興이요 호를 죽헌竹軒이라 했다.

죽헌은 어려서부터 놀기를 좋아 할뿐 학문에는 전혀 관심이 없었다. 청년이 되어서도 산과 들로 쏘다니는 것만 알지 차분한 마음으로 공부를 해볼 생각은 전혀 없었다. 양반으로 제법 행세를 하고 사는 그의 부모 다음은 하루도 편한 날이 없었다. 어떻게 하면 글을 읽혀 품격을 제대로 갖춘 인간을 만들어 줄 것인가 하는 걱정으로 그의 집안은 채워졌다.

죽헌은 청년이 되어서도 날마다 칠보 피등머리에서 낚시질로 세월을 보내고 있었다. 그러다 부친 권임성씨는 한 꾀를 생각해 냈다. 태인泰仁 향교鄕校에 들러 심부름하는 아이에게 다음과 같이 지시했다.

"이 편지를 들고 지금 즉시 칠보 피등머리로 가거라. 거기에 가면 냇가에서 한 청년이 낚시질을 하고 있을 것이다. 이 청년에게 접근하여 쉬어 가는 척하다가 우연한 가운데 말을 붙여 이 편지를 꺼내 보이도록 하거라. 편지를 보이면서, 누구한테 가는 편지인지 또 어디로 가는 편지인지를 물어 보거라. 그렇게 물어보면 이 청년은 무식하기 때문에 모른다고 할 것이다. 그러면, 그 청년에게 '야, 이놈아, 양반 놈의 자식이 그것도 몰라. 거, 뉘 놈의 자식인지 천하에 무식한 놈이구나'하고서 마구 도망쳐 오너라."

아이는 편지를 들고 피등머리로 찾아갔다. 과연 한 청년이 낚시질을 하며 휘파람을 불고 있는데 기골이 장대하고 인물이 훤칠했다.

아이는 그 청년에게 다가가서 말을 붙이며 다리를 쉬었다. 청년은 아이에게 어디 사는 누구인데 여기에 왔느냐고 물었다. 아이는 전혀 눈치를 채지 못하도록 말하면서, 지나는 길손인데 낚시질하는 걸 보면서 쉬고 싶어 왔노라고 했다. 그리고 한참 후 두 사람 사이에 많은 대화가 이뤄졌을 때 아이는 슬그머니 편지를 꺼내 청년에게 보이면서 어디로 가는 무슨 편지인가를 물어 보았다.

청년은 편지 봉투를 이리저리 쳐다보더니 고개만 갸우뚱하고서 말없이 편지를 돌려주는 것이었다. 아이는 다시 다그쳐 물었다. 청년은 성을 내면서 "야, 이놈아 다른 곳에 가서 물어 봐" 하고서 낚시질에만 정신을 곤두세웠다. 아이는 이 때다 생각이 되어 슬슬 걸어가다가 청년과의 거리가 상당히 멀어졌을 때, "야, 이놈아, 양반 놈의 자식이 그것도 몰라. 거참, 뉘 놈의 자식인지 천하에 무식한 놈이구나. 에이, 무식한 놈." 하고서 마구 도망쳤다.

청년은 이 소리를 듣자 분함을 참지 못하여 아이를 뒤쫓았으나 잡을 수가 없었다. 억울하고 분통이 터져 견딜 수가 없었다. 조그만 아이에게 봉변당한 것이 더욱 분했다. 청년은 그 자리에서 낚싯대를 부러뜨리고 낚시바구니를 부셔 버렸다. 그리고 절대로 낚시질 같은 한가한 짓은 안 하기로 결심했다.

그 이튿날부터 청년 죽헌竹軒은 공부에 전념하기 시작했다. 누가 뭐래도 공부하기로 결심한 그의 마음은 흔들리지 않았다. 오직 학문만이 나아갈 길이요 살 길이라고 마음을 더욱 굳혔던 것이다. 결국 죽헌은 학문에 정신일도精神一到하여 학문에 남부럽지 않을 정도로 성취를 이루었으며, 숙종 때 전남 통천通川 군수 등 네 군데의 군수를 지냈다고 한다.

권임성의 아들 죽헌은 공부를 왜 해야 하는지 깨닫지를 못했을 뿐이었다. 그저 들과 산을 뛰놀거나,

낚시로 시간을 보낼 수 있는 데 왜 공부를 해야 하는지 몰랐을 뿐이다. 지혜로운 아버지는 아들의 수치심을 자극하였고, 문맹이 불편한 것임을 알게 했다. 공부의 개념과 공부를 해야 하는 이유를 깨우쳐 알게 된 죽헌은 학문을 닦는 일에 정진하였으니 아버지의 뛰어난 지혜가 존경스럽다.

조상의 이런 지혜를 아직도 오늘날의 우리들은 온전히 자신의 것으로 만들지 못했으니 오호애재嗚呼哀哉라!

아비를 구해낸 아이의 문장력

옛날에 한 남자가 동냥질을 하러 다녔다. 나라가 세금을 부과하는데 집이 너무 가난해 나라에 갖다 바칠 세금이 없던 것이었다. 아무리 동냥질을 하고 다녀도 세금을 마련할 길이 없어 남자는 그만 옥에 갇히고 말았다. 어느 날까지 세금을 안 바치면 죽인다는 통보를 받은 남자는 그저 식구가 돈 갖고 오기만을 기다리며 옥에서 세월을 보냈다. 그러나 누가 돈을 갖고 올 리 만무하였다.

어느 날 부인이 열두 살 먹은 아들에게 말하였다. "얘야. 오늘은 네 아버지가 죽는 날이다. 그러니까 가서 얼굴이라도 보자." 그리하여 어머니와 아들은 아버지를 만나러 관아로 갔다. 관아에 가서 보니 원님이 사형 준비를 하고 있었다. 남자를 비롯하여 그곳에는 세금을 못 낸 사람들이 죽음을 기다리고 있었다.

부인과 아들은 이게 마지막이라 생각하고는 남자를 붙잡고 통곡을 하였다. 원님이 이제 남자를 죽이려고 하는데 부인과 아들이 남자의 목을 껴안고 막 울어 대니까 어떻게 죽일 방도가 없었다. 그래서 원님은 부인과 아들을 내보내기 위해서 꾀를 하나 냈다. "내가 문자를 하나 낼 터인데 글을 못 짓는 자는 관아 밖으로 내보내겠다." 그러고는 원님은 "하, 어렵다. 어려워" 하며 '어려울 난難'자를 운자로 냈다.

이방이 모자를 불러 "여기 문자를 이렇게 냈으니까 글을 못 짓는 사람은 이 자리를 떠야 한다. 그러니까 글을 지을 수 있는 사람은 여기에 있고, 글을 못 짓는 사람은 나가라"고 하였다. 이 말을 들은 아들은 '이곳을 나가면 아버지는 죽는다'고 생각하고는 이방에게 "나도 글만 지으면 여기를 안 나가도 되냐?"고 물었다.

그러자 이방이 "아, 그렇고 말고. 네가 글만 잘 지으면 네 아버지도 내보낼 수 있고, 너도 여기서 안 나가도 된다."고 말하였다. 그런데 아들은 동장 일하는 사람에게서 돈을 조금 줘 가며 조금씩 글을 배운 적이 있었다. 아들은 곰곰이 생각하더니 "나도 글을 지었다." 하고 말하였다. "그래, 어떻게 지었냐?" 하고 원님이 물으니 아들이 대답하였다. "어려울 난難자는 난도난지難道難智하니 촉수난蜀帥難이라." 즉 어렵고 어려운 길은 촉나라 촉국 가는 길이라는 뜻이었다. 촉국이라는 길은 한 번 가면 살아서 못 오는 곳이었다. 또 아들은 "이팔청춘에 오모난吾母難이라", 즉 이팔청춘에 우리 어머니가 홀어미되는 것도 참 어렵다, 이렇게 글을 지었다.

원님이 가만히 보니까 자기는 원을 살았어도 이 열두 살 먹은 어린놈이 글 지은 걸 보니까 감사감이었다. 남자를 죽였다가는 아들이 나중에 감사 살 때 벌을 받지 싶어 원님은 "아, 그놈. 제 아버지하고 내보내라" 하였다. 이렇게 하여 열두 살 먹은 어린 아들이 자기 아버지를 살려서 데리고 나왔다고 한다.

옛날 사람들도 오늘날과 마찬가지로 집안 형편이 어려워도 자식들에게 글을 가르치고자 애를 썼다.

「아비를 구해낸 아이의 문장력」에는 자식을 잘 가르쳐 놓으면 어떤 위험한 상황에서도 도움을 받을 수 있다며 교육의 중요성을 강조하는 의미가 담겨 있다.

하지만 그저 글을 가르쳤다고 해서 이러한 일을 해내는 것은 아니다. 아비를 구해 낸 아이는 글만 배운 것이 아니라 부모에게서 삶에 대한 자세와 태도까지 배웠음이 확실하다. 그리고 자신이 아버지를 구해야 한다는 의지도 확실했다. 부모에 대한 책임의식이 강했다는 말이다. 그리고 그럴 수 있다고 자신을 믿었기에 비록 12살의 아이지만 원님이 감탄할 글, 시의적절한 글을 지은 것이다.

우리들이 흔히 놓치는 것이 이럴 때 지나친 단순함으로 그저 글만 익히게 하면 되고, 가르치는 선생이 비싼 선생 유명한 선생이면 자신의 자식이 절로 사람이 되는 줄 안다는 것이다. 지식이나 글은 하나의 수단이다. 익힌 지식을 자신의 것으로 만들 경험이 중요하다. 그런 경험의 가치를 아는 부모가 되어야 한다고 본다. 그래야 자식이 직접 경험할 기회를 뺏고 과보호

하는 것이 사랑이라고 믿는 부모가 줄어들 것이다. 그리고 책임의식도 삶의 경험을 통하여 몸에 익히게 해야 한다. 그러기 위해서 부모가 우선 삶의 태도를 확실히 해야 할 것이다.

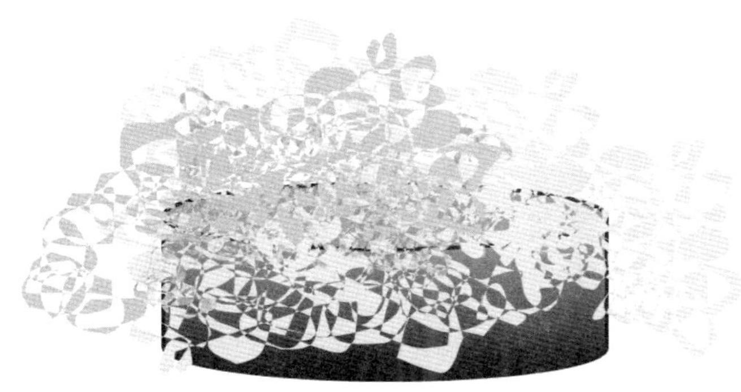

'나'라는 그릇의 크기만큼 행운도 담긴다.

요즈음 개그 프로에 "우리는 세상 모든 여자들이 싫어하는 조건을 한 가지씩 모두 네 가지를 가지고 있는 사람들이다."라며 4명의 개그맨이 나오는 프로가 있다. 그 '네가지' 중 "세상은 왜 촌티나는 남자를 싫어하는가?"하며 시골에서 서울로 올라온 촌놈으로서 서울 사람들이 하는 오해에 대해서 얘기하는 코너가 있다. 아래의 대본은 인터넷에서 얻은 것이다.

> 그래 내 시골에서 올라온 촌놈입니다. 근데 촌에서 올라왔다고 뭐라뭐라 하는데 오해하지 마이소. 내가 얼마 전에 아는 여동생이랑 같이 밥을 먹는데 그 동생이 오빠! 오빠는 놀이동산 같은 데 안가고 촌에서 놀았지? 놀이동산 자유이용권 뽑았다! 뭐? 촌에서 놀았다고? 우리도 롤로코스터 타. 그리고 뭐 움직일 땐 경운기 탔다고? 우리도 리프트 타!! 또 그 뭐 배고프면 동네 감자나 고구마 캐먹고 그러는 줄 알아? 우리도 츄러스 먹어

이 개그는 우리들이 흔히 저지르는 생각의 오류를 날카롭게 꼬집는다. 경험하지 못한 것은 우리는 잘 모른다는 사실도 알려준다. 마찬가지로 우리네 과거 불과 100년 전의 일도 까마득한 '호랑이가 담배 피던' 옛 시절로 알고 있기가 쉽다. 이것은 우리의 성장이 불과 40여 년의 비약적이고 압축적 성장이었기에 세대 간 단절도 만만치 않기 때문이라고 본다. 그래서인지 우리네들이 살면서 엮어낸 이야기들과 결과물들이 자신과 밀접한 관련이 있음에도 자신과 관계가 없는 것으로 흔히 생각한다. 그러다 흐름에 대한 인식이나 관계를 놓치면 우리는 사물에 대한 이해를 하기가 쉽지 않다. 역사와 문화를 읽을 힘이 약해지는 것이다. 뿐만 아니라 정보를 이해하는 능력도 우리 주위의 세상과 현실을 해석하는 수단도 기능을 점점 잃어가는 요즈음이 아닌가 한다.

이 이야기들이 우리 주위의 세상과 현실을 바라보는 시각에 대한 새로운 자극이 되었기를 바란다. 그렇게 읽어낸 자신만의 정보에서 핵심을 찾고, 자신에게 필요한 삶의 기술을 학습하는 방법으로 활용되기를 바란다.

이 이야기를 쓸 수 있었던 것은 전북대20세기민중생활사연구소의 함한희 교수가 보여준 전북 지역의 이야기 수집물을 볼 수 있었기 때문이다. 어린 시절 책에서나 봤던 옛날이야기가 새롭게 다가왔다. 우리에게 남겨진 옛날 우리네의 이야기를 만난 것은 내게 행운이었다. 삶의 기술과 삶을 바라보는 시각에 대해 글을 쓰려던 중이었기 때문이다.

그리고 옛 이야기를 다루었지만 지금은 디지털시대이다. 그러한 시대성에 맞게 파워포인트라는 도구를 사용하여 그림을 그렸다. 글을 쓰고, 그림을 그린다는 것은 생각의 표현이다. 표현을 하면서 자신이 사실은 아는 것이 별로 없음을 알게 된다. 안다는 것은 사실 굉장히 모호하고 막연한 것임을 깨닫는다. 디테일을 표현할 재료를 충분히 가지지 못했기 때문이다. 막연한 구경꾼으로 보기만 했음을 느낀다. 이러한 자각은 사물을 좀 더 섬세하게 관찰해야 함을 알게 해주었다. 나아가 삶에 대한 것도 마찬가지라 생각된다.

그림 전문가의 그림이 아님에도 필자의 그림을 사용해 준 홍종화 사장의 의외의 결정. 그것으로 작업을 하느라 더욱 고생한 민속원 가족 여러분께 깊은 고마움을 전한다.

그리고 지금은 인터넷 시대이다. 그에 맞춰 자료와 확인 작업 등을 인터넷으로 했다.

이야기 출처는 무형문화유산온라인지식사전(www.ichpedia.org)이다. 또한 검토 등 참고 자료를 찾는 것은 두산백과 두피디아 사이트(www.doopedia.co.kr)와 Visionary Leader's Club 홈페이지(www.visionary.co.kr)에서 했다.

그림은 Visionary Leader's Club(www.visionary.co.kr)에서 찾아 다시 정리를 했다.

옛 우리네들의 이야기를 알게 해 준 전북대 함한희 교수와 한문에 대해 자문해 주신 서예가 소인昭人 엄희순님, 그리고 출판을 결정해 준 민속원의 홍종화 사장께 거듭 고마움을 전한다.

2013년 4월

이화순